A.L.M.
TREIZE

DISTANZ

I MADE THESE PHOTOGRAPHS OF 13-YEAR-OLD LÉA IN PARIS, FRANCE IN 2001/02.

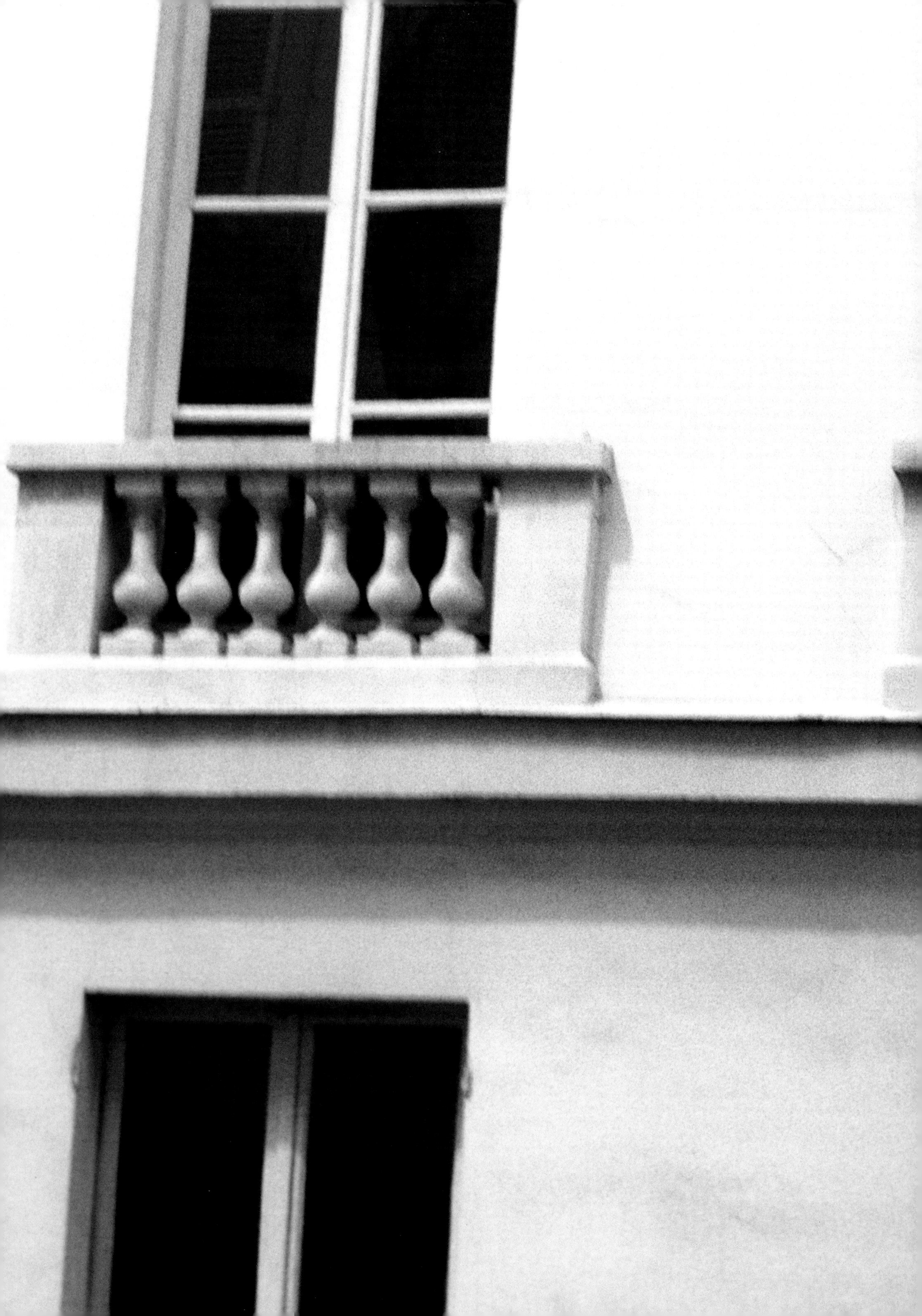

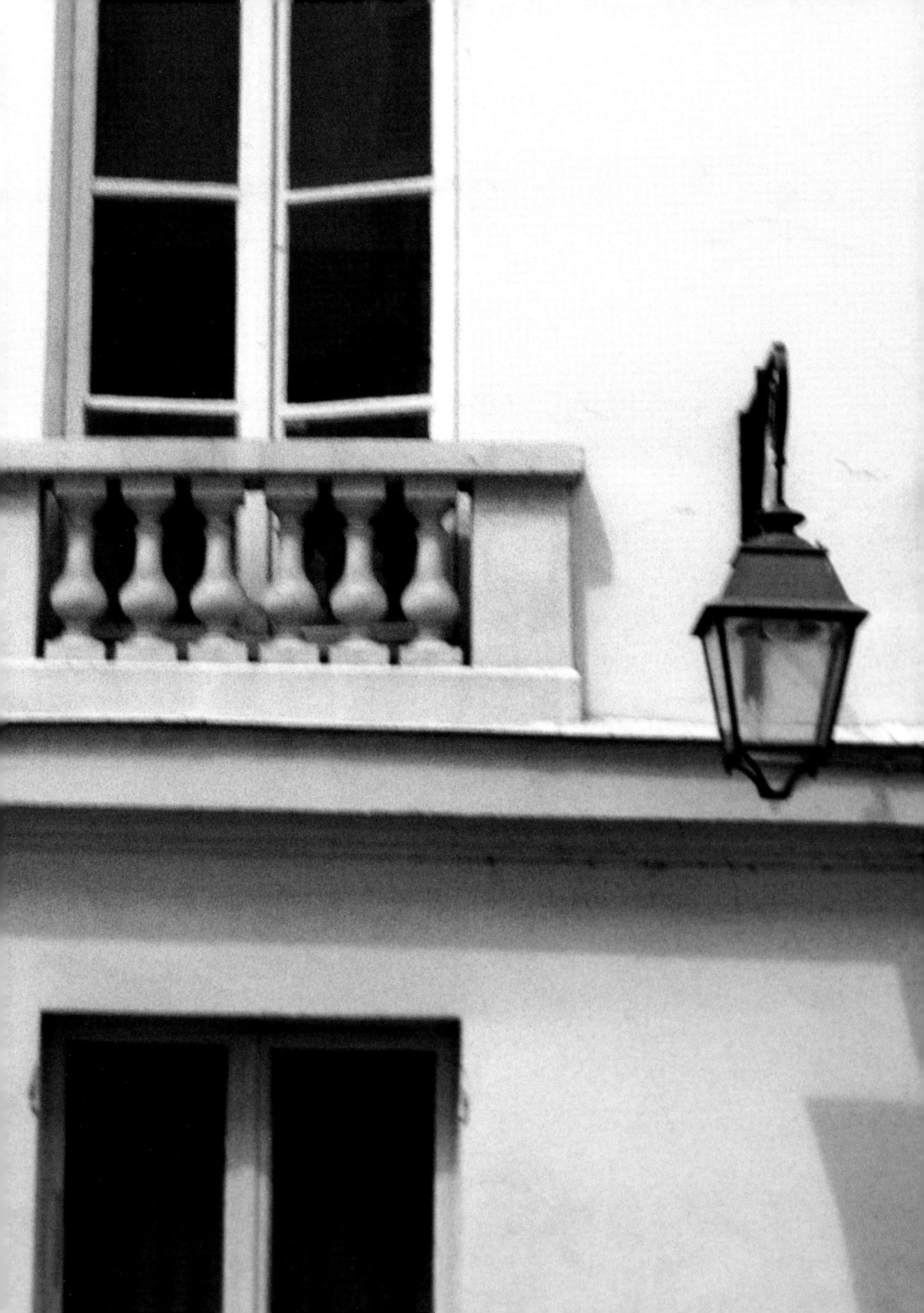

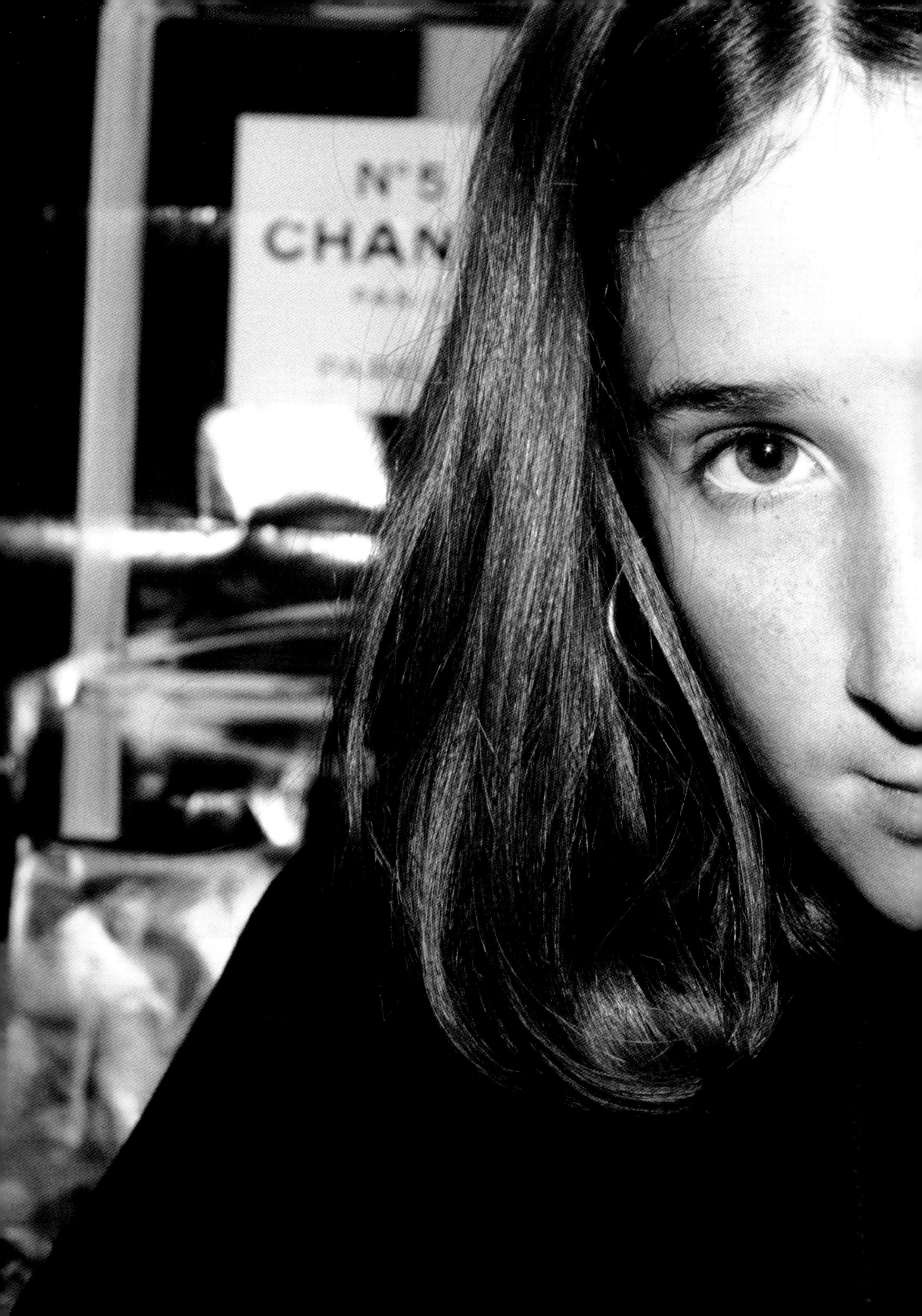
N°5
CHAN

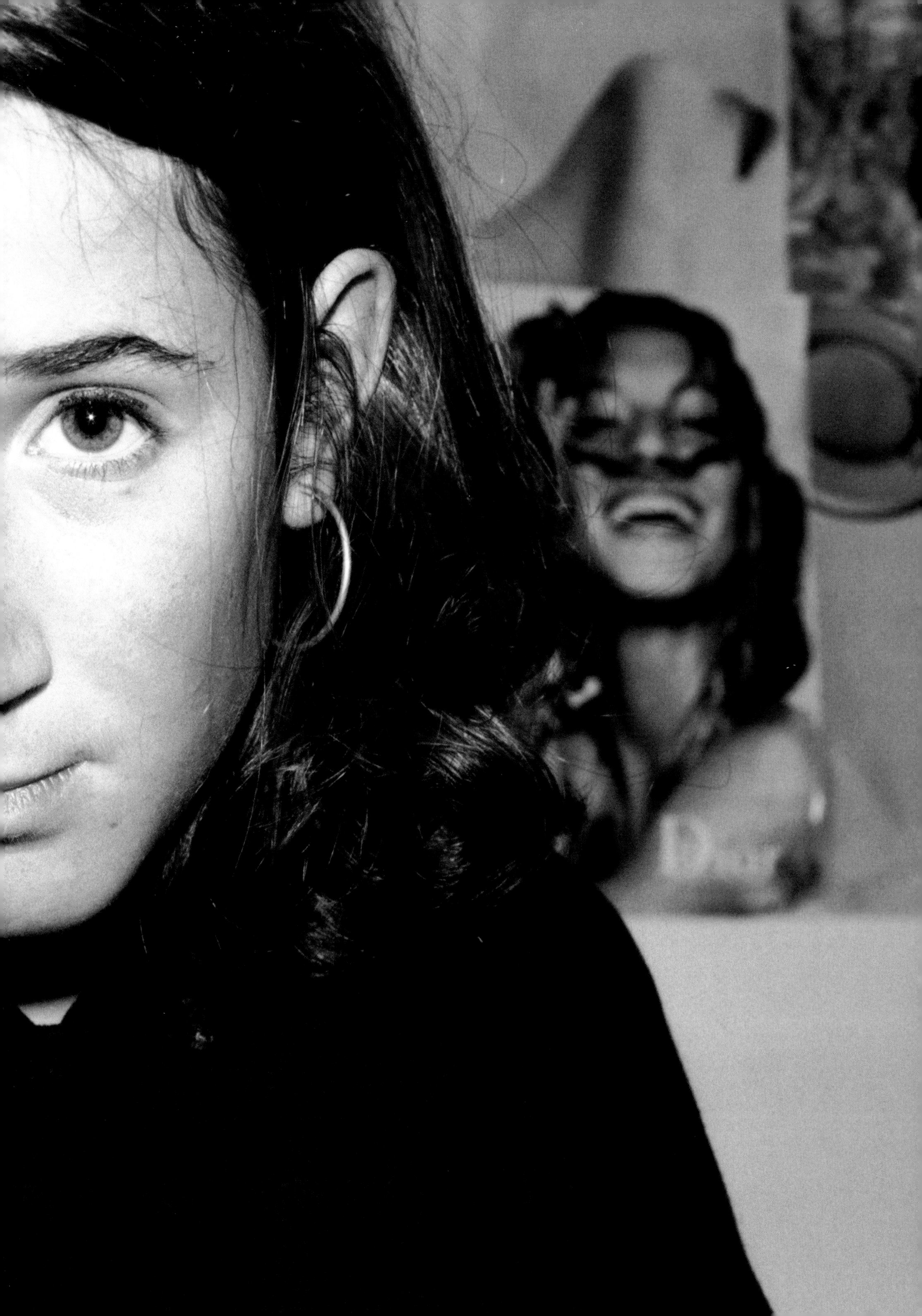

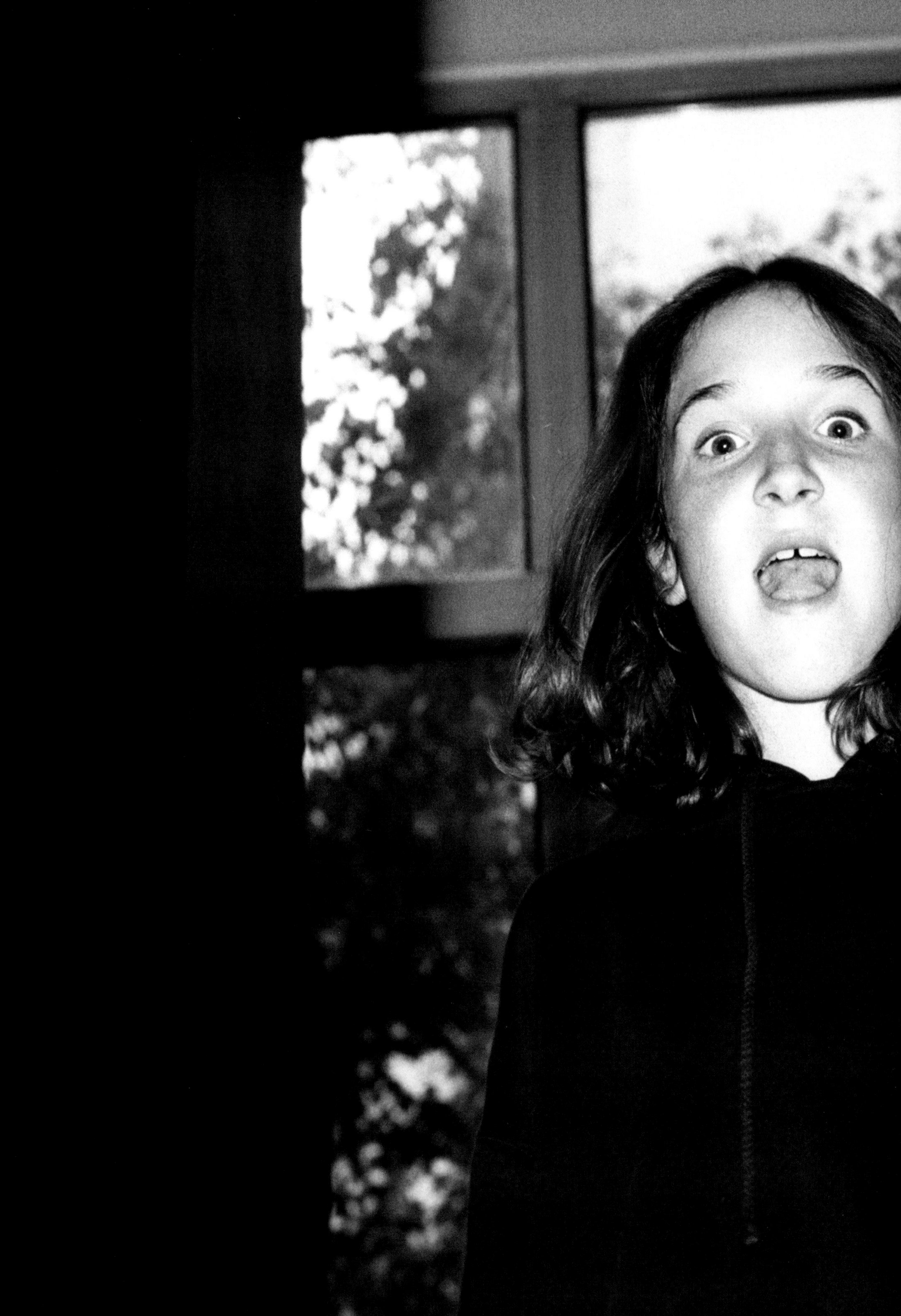

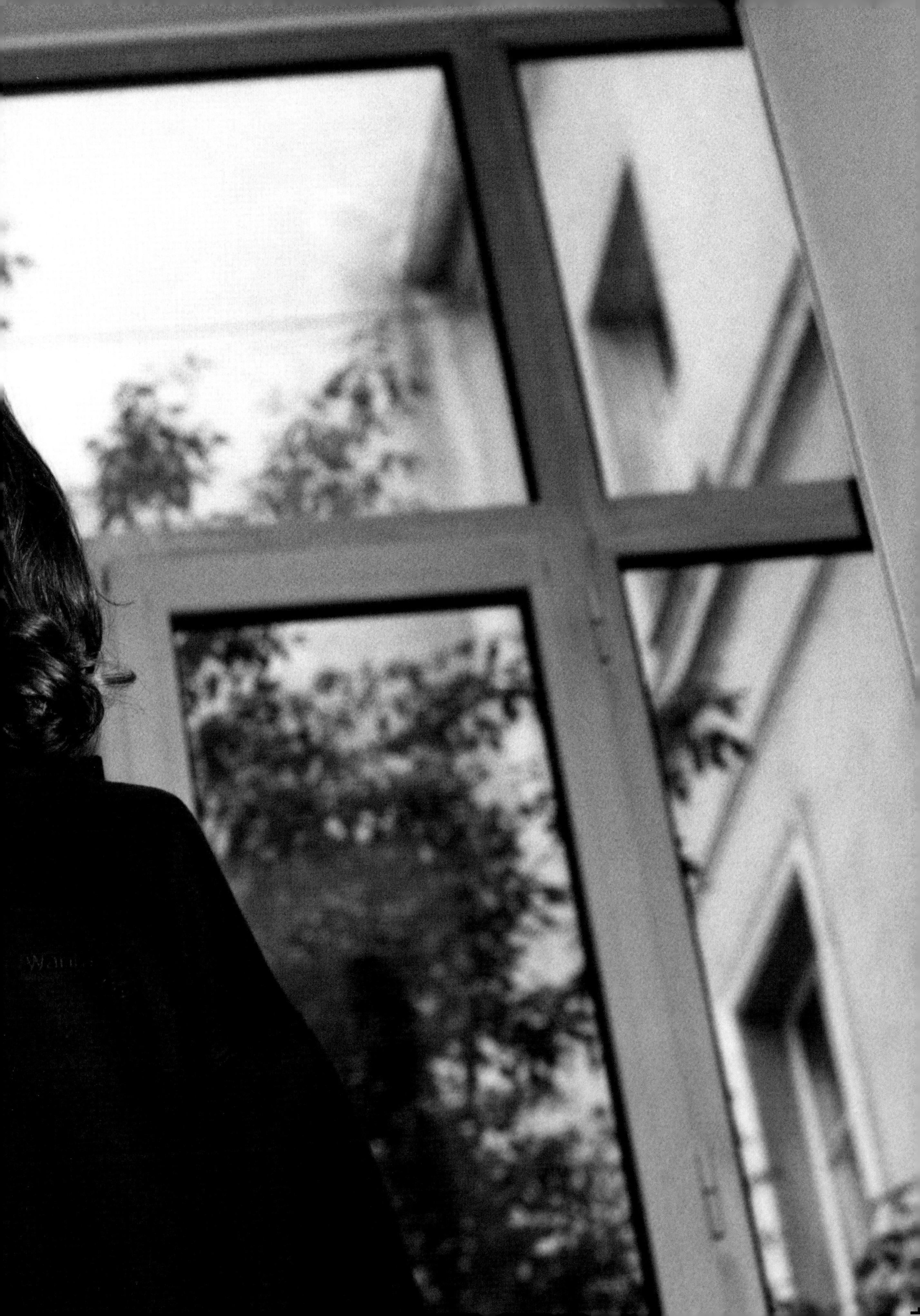

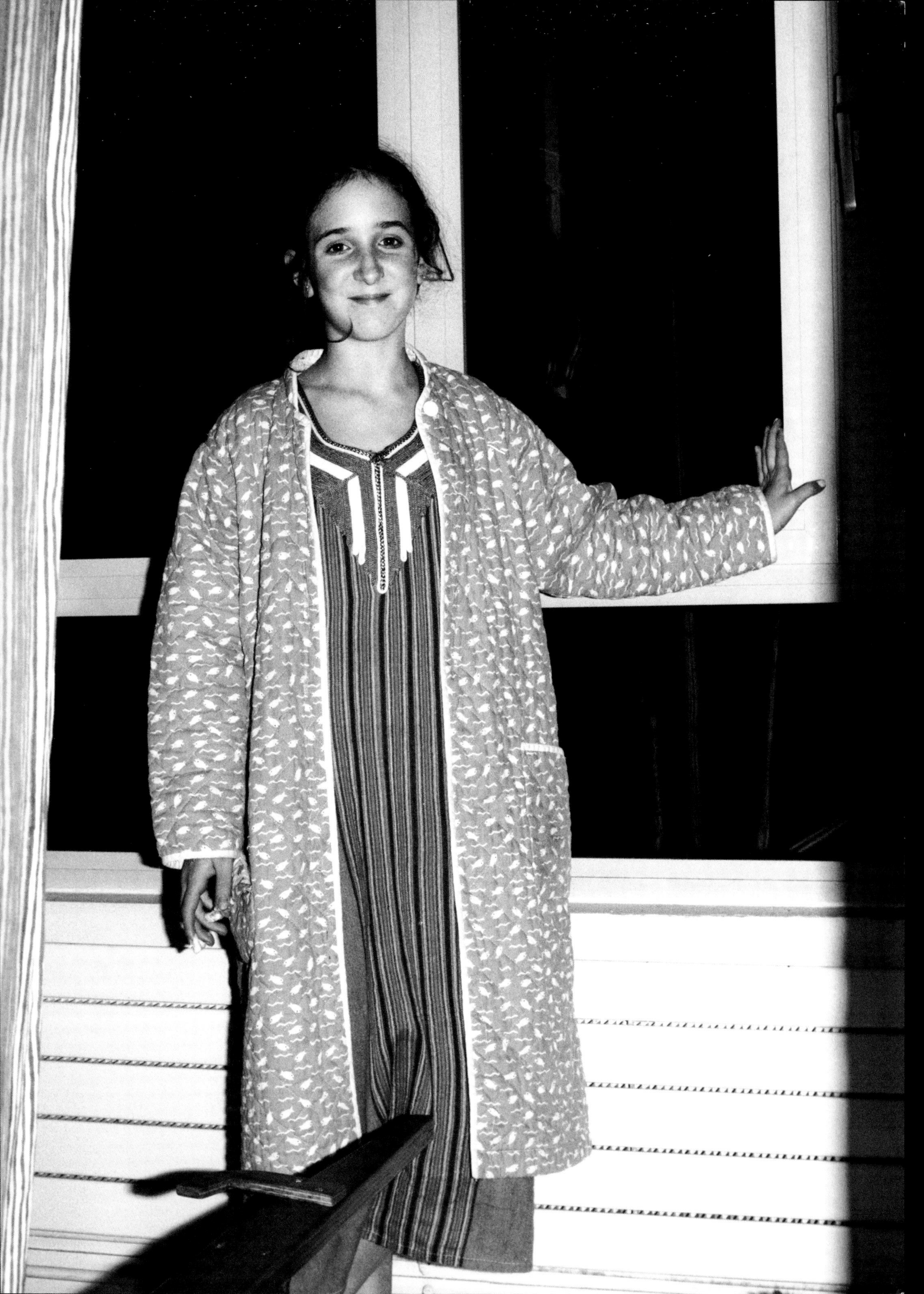

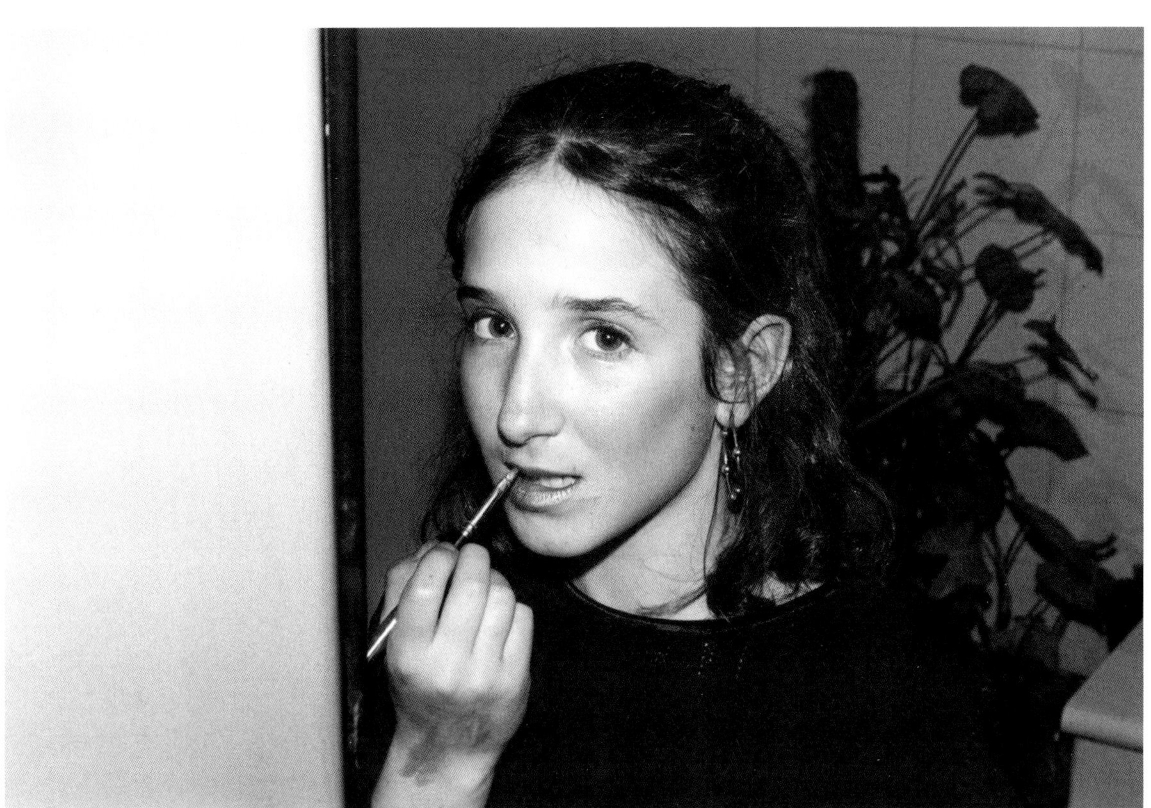

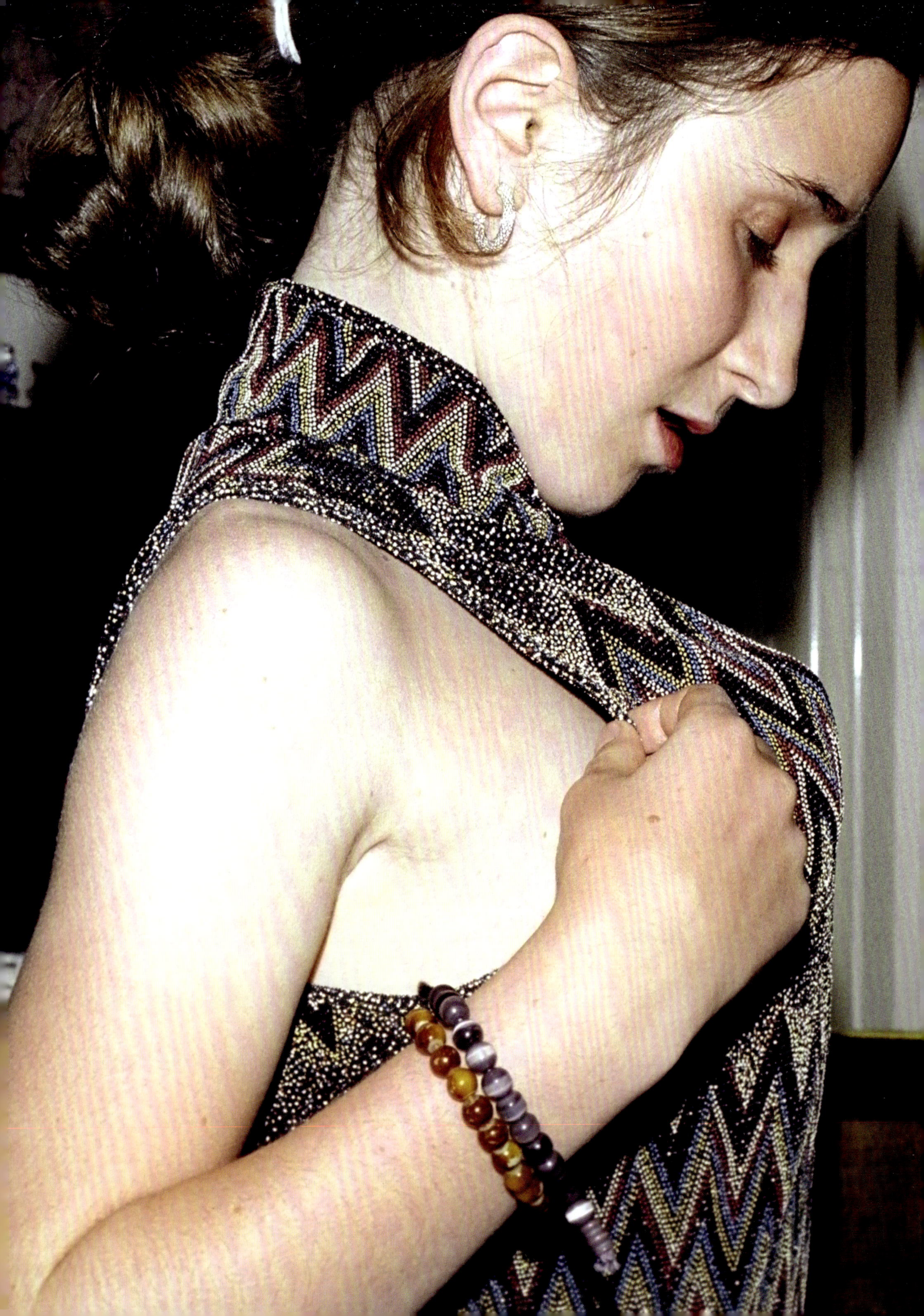

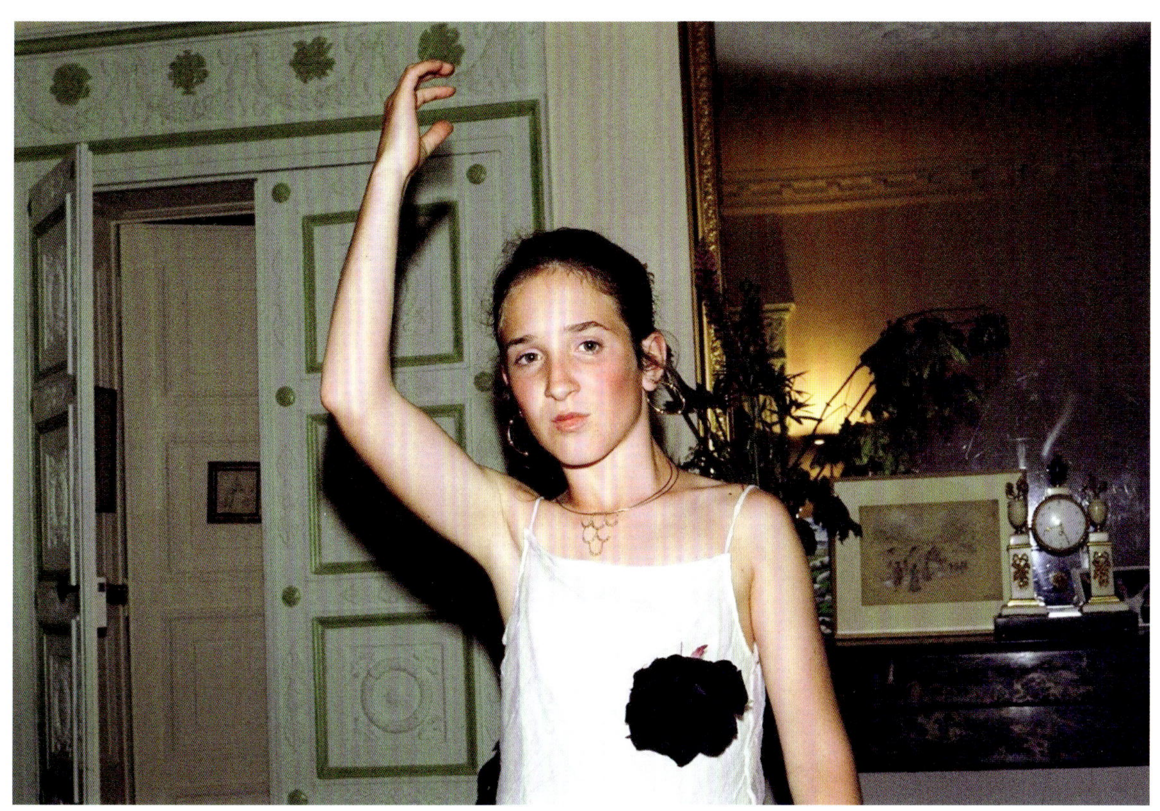

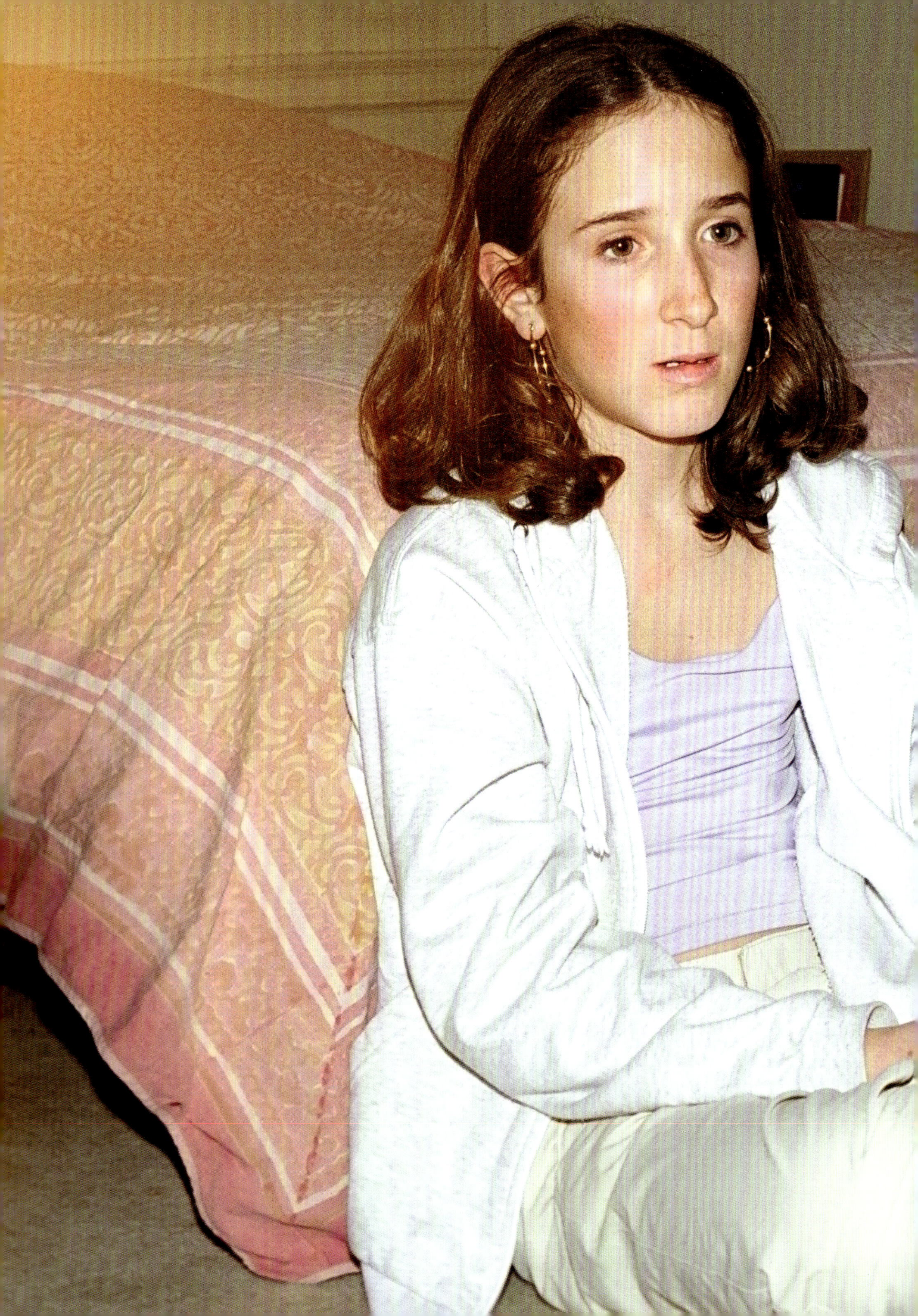

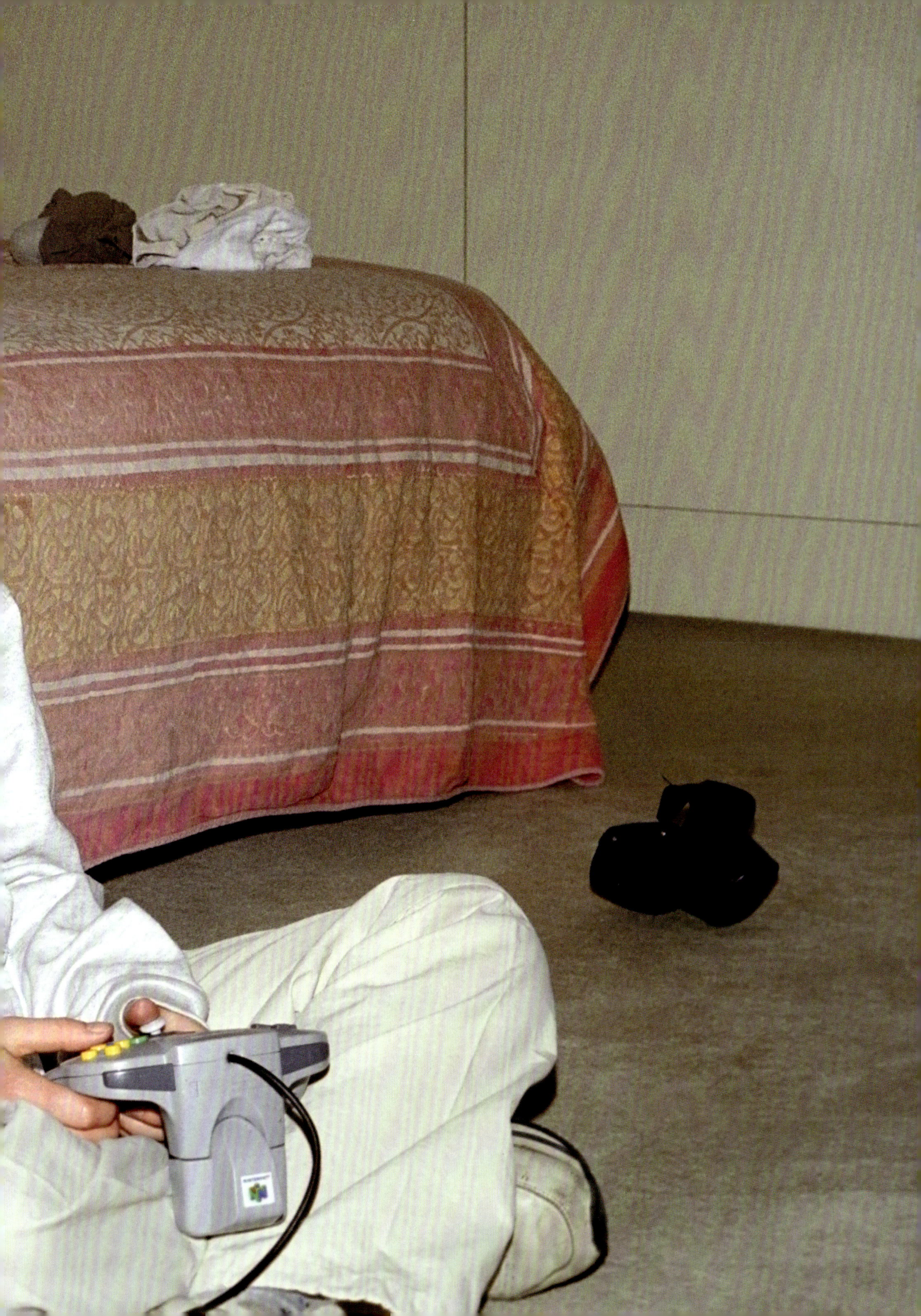

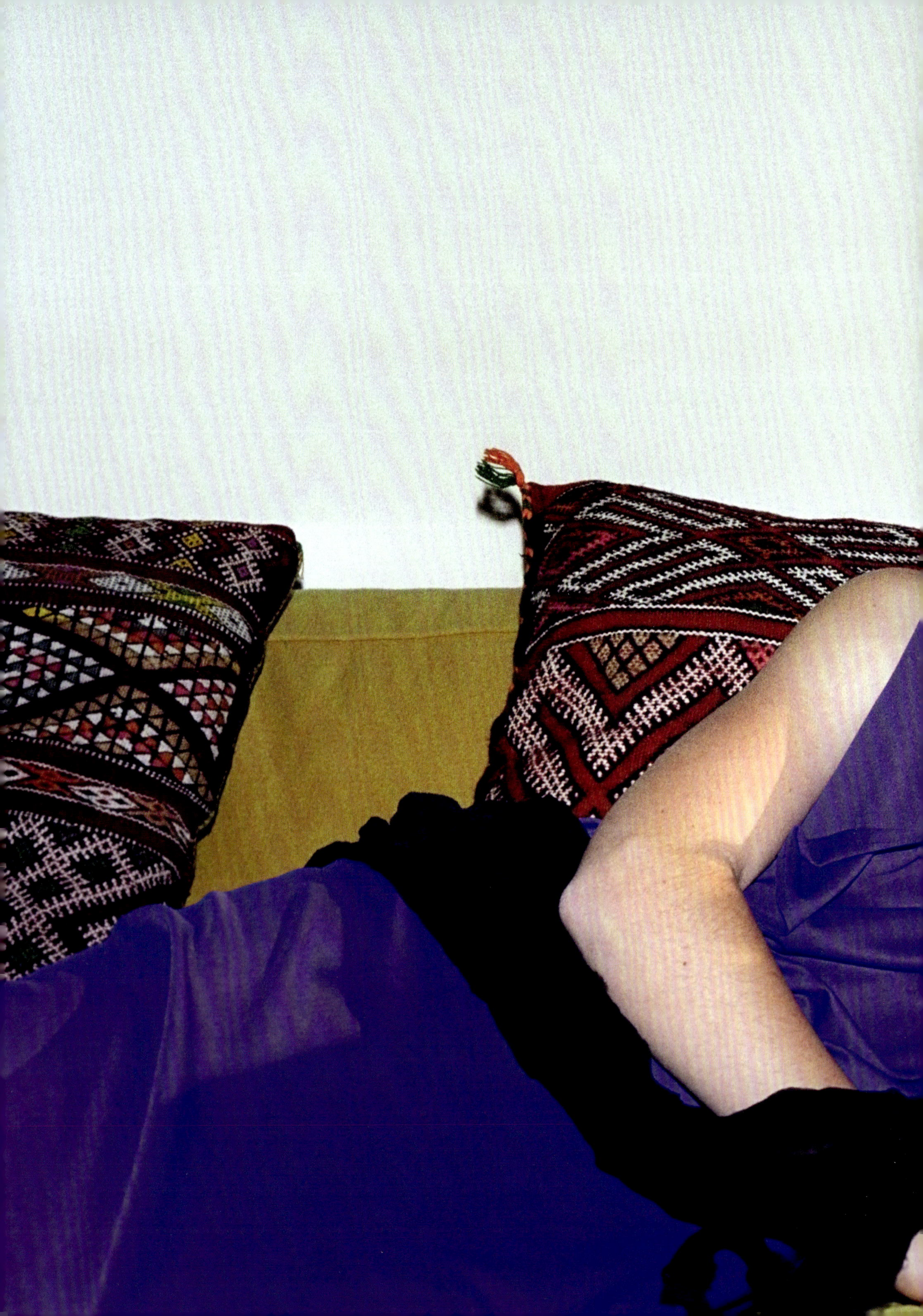

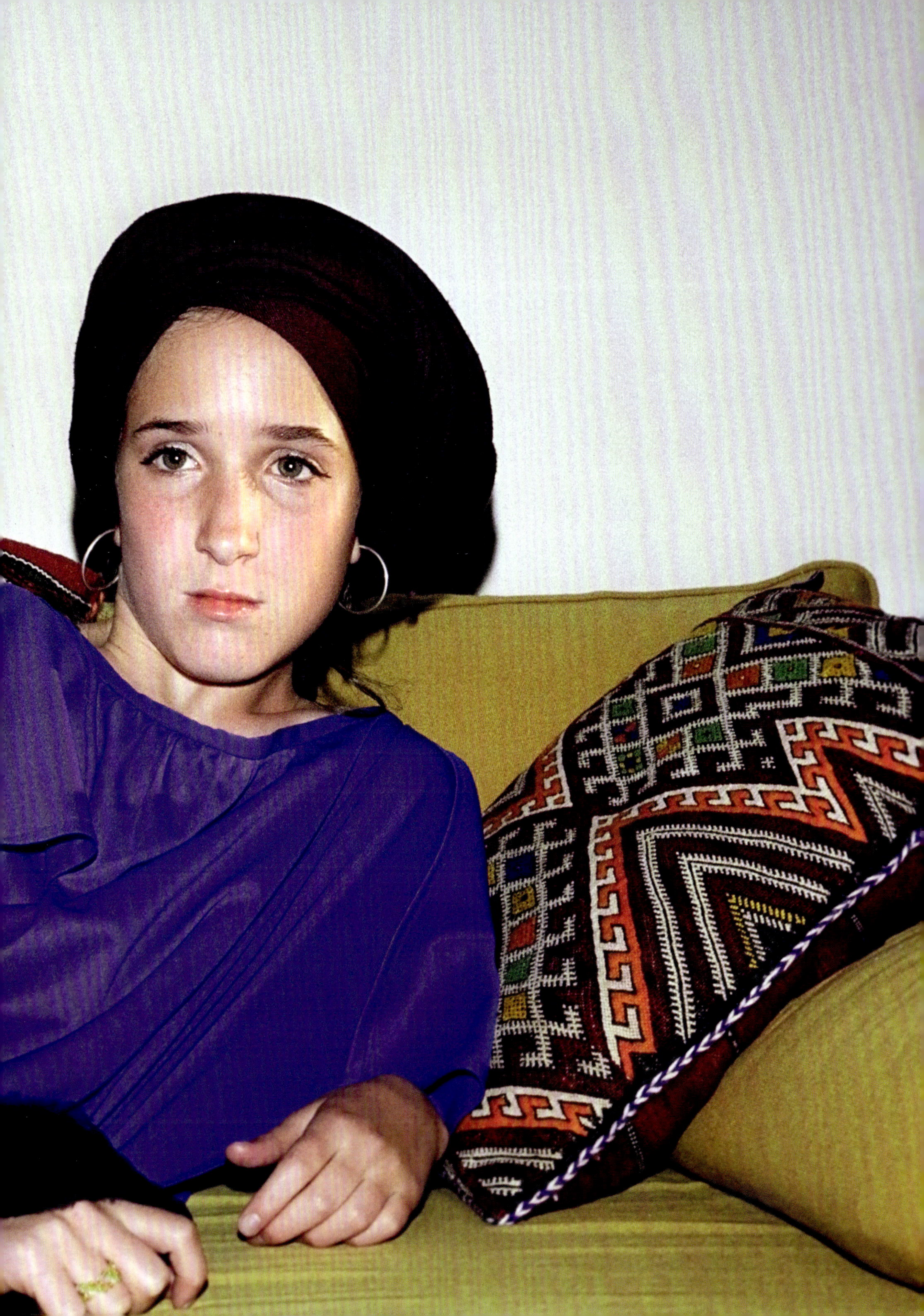

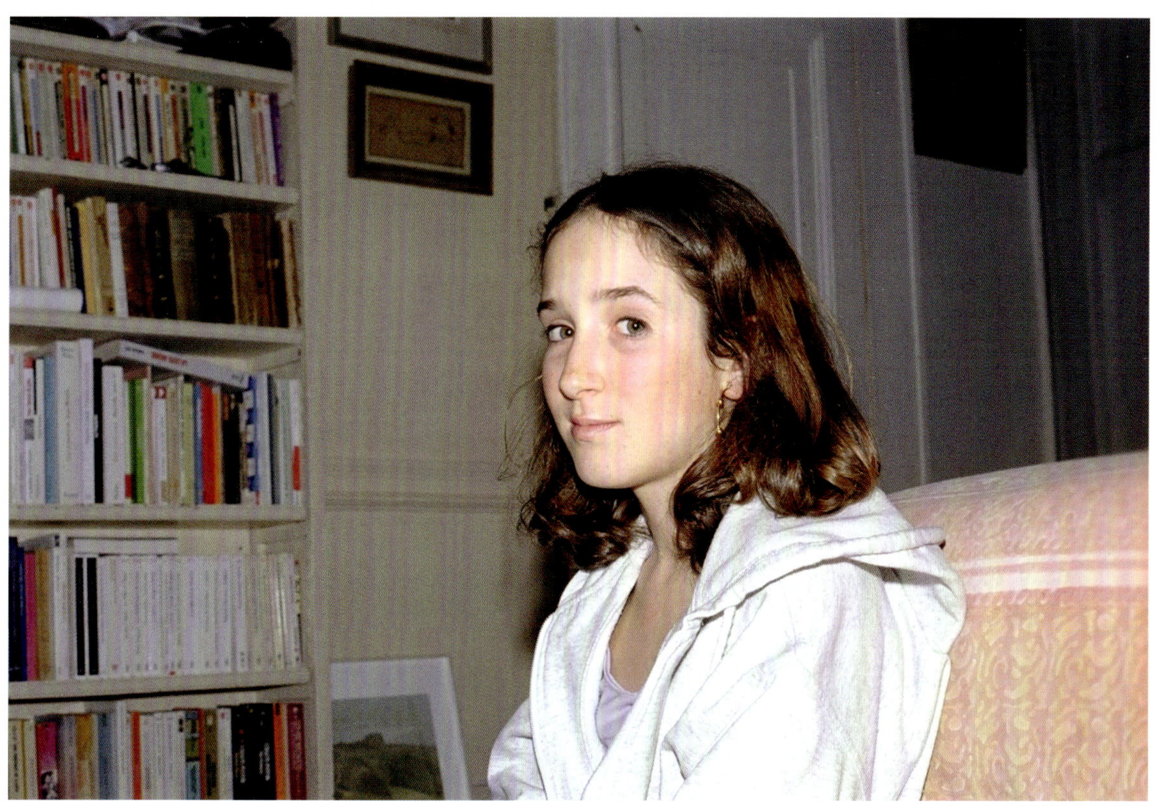

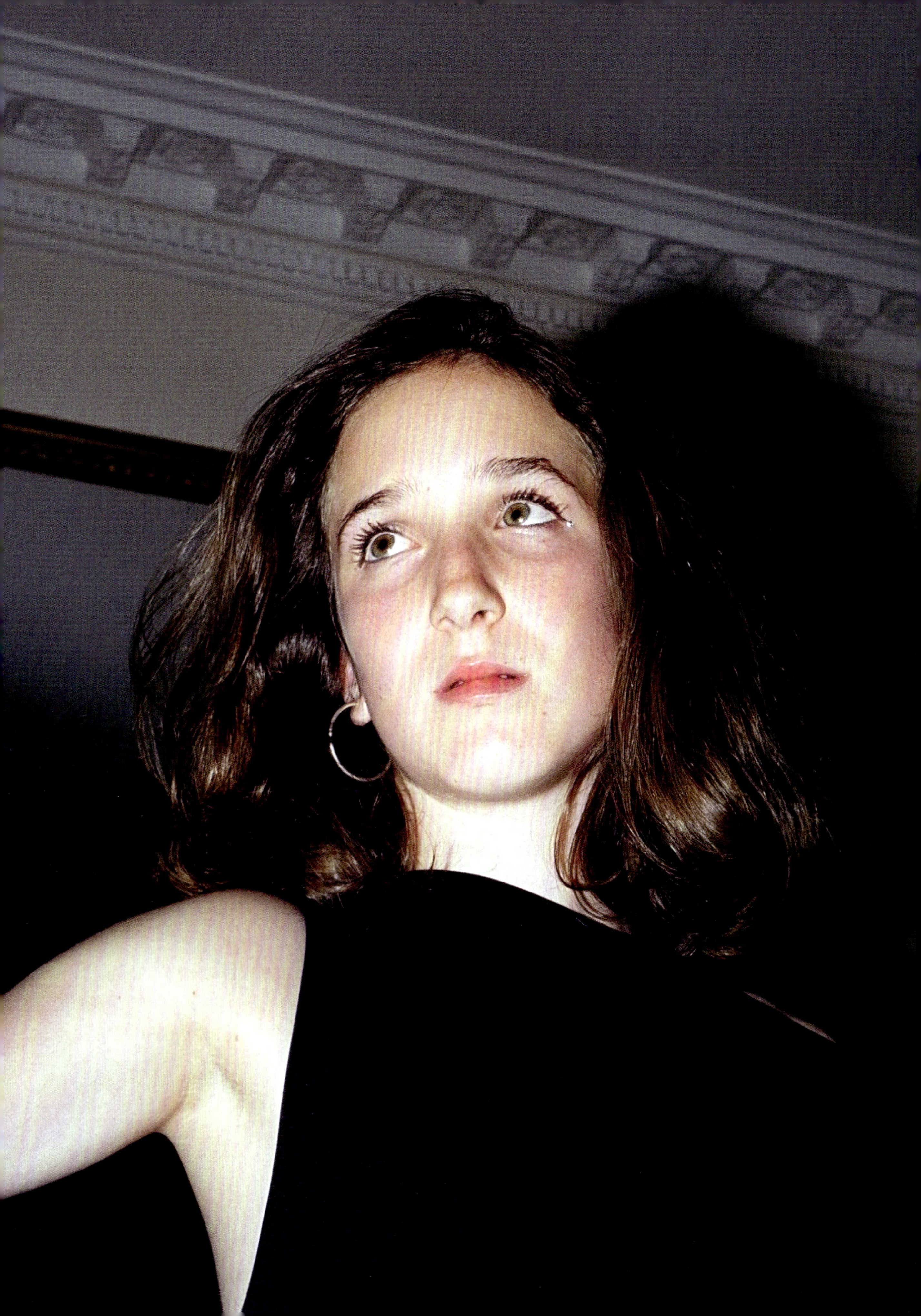

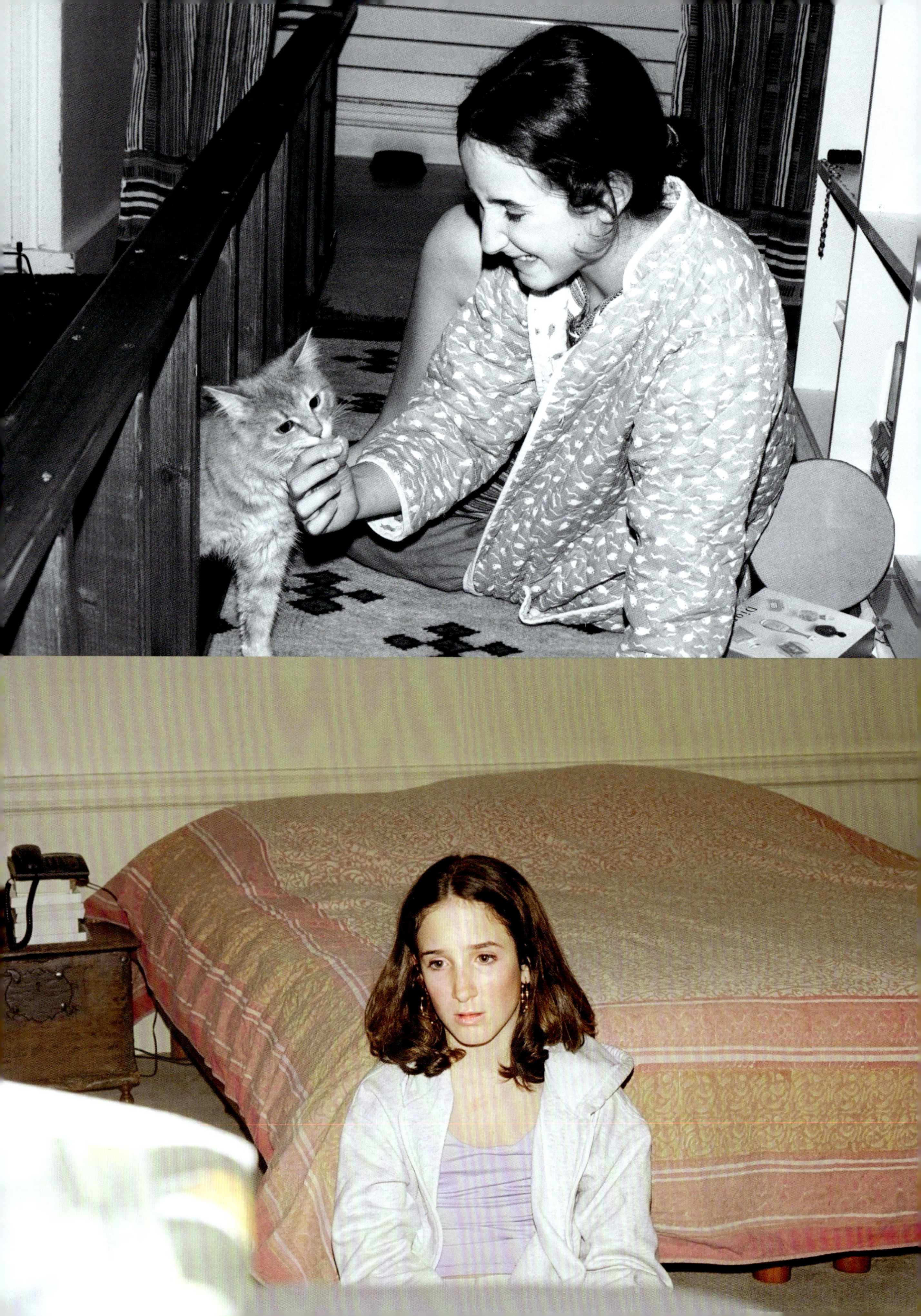

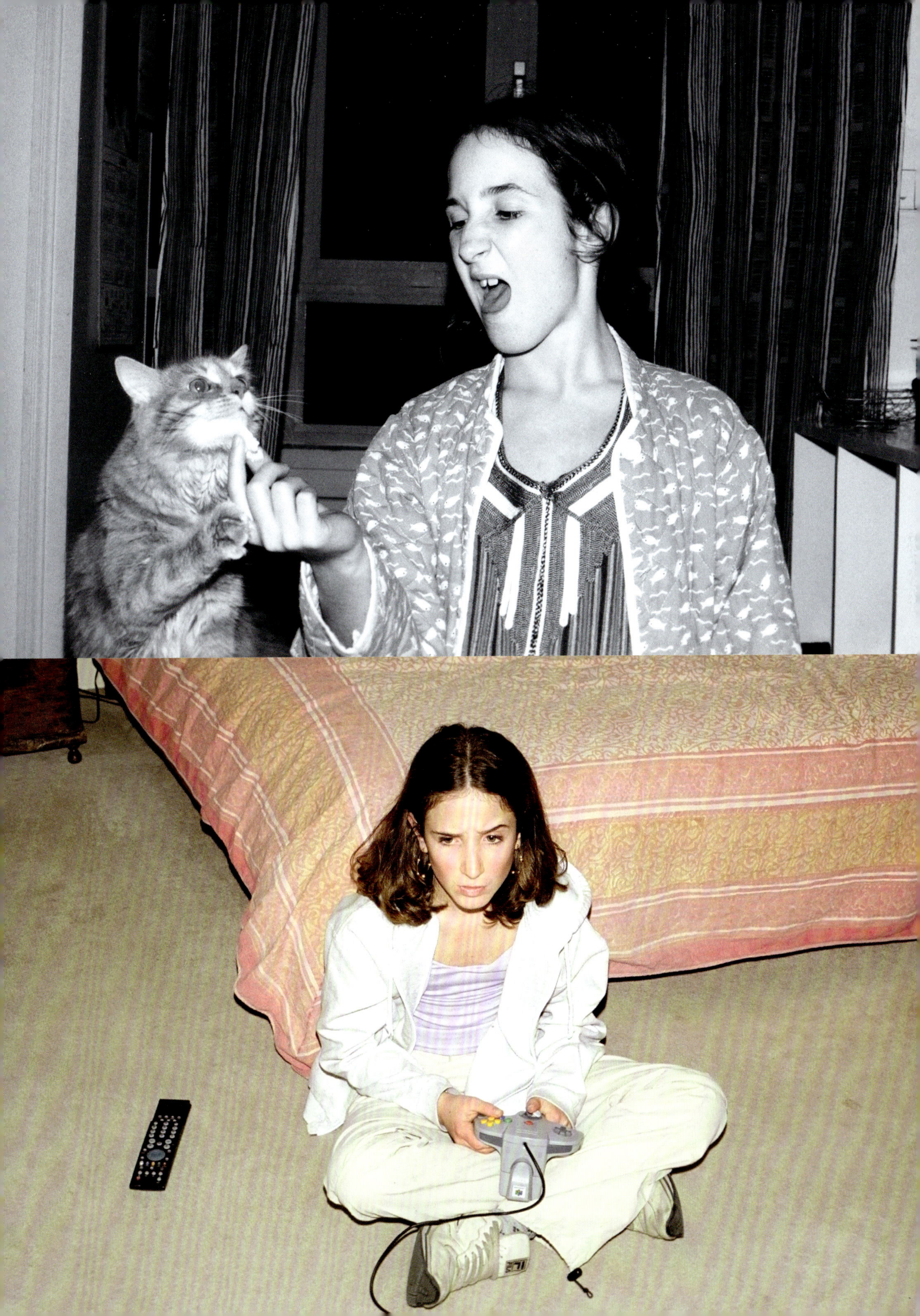

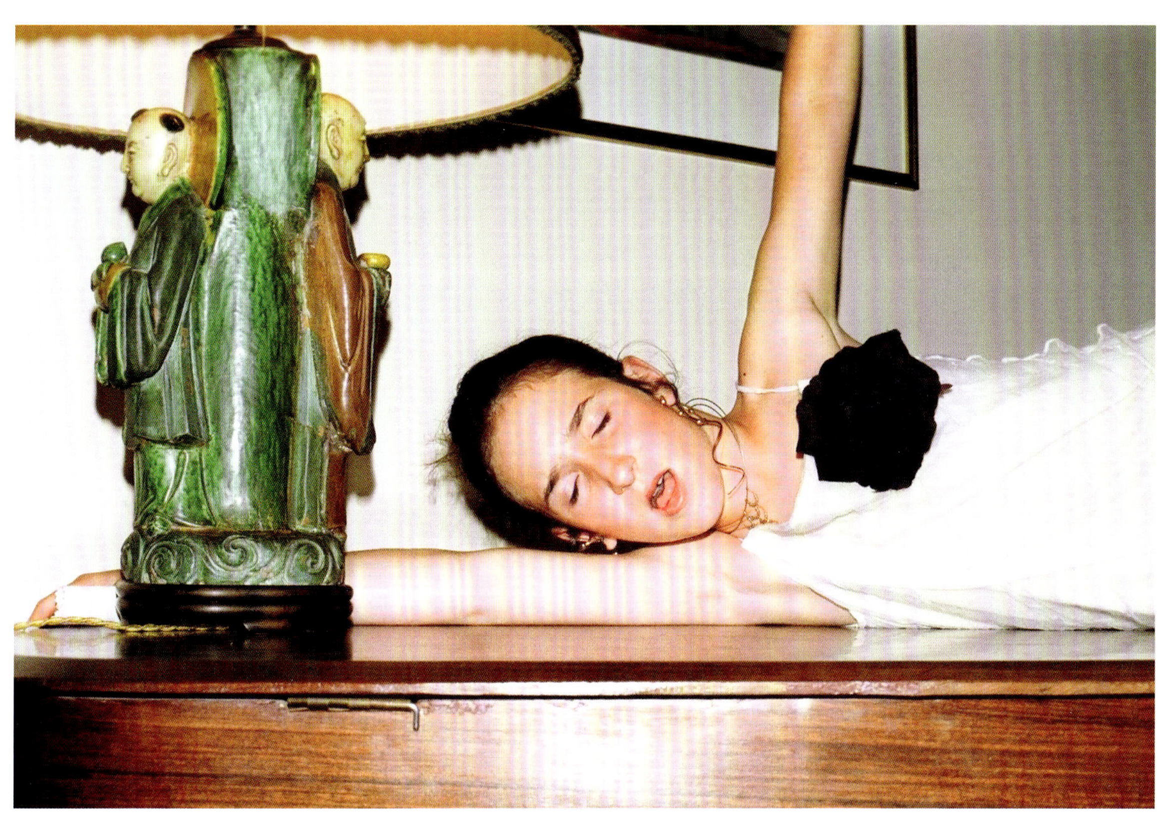

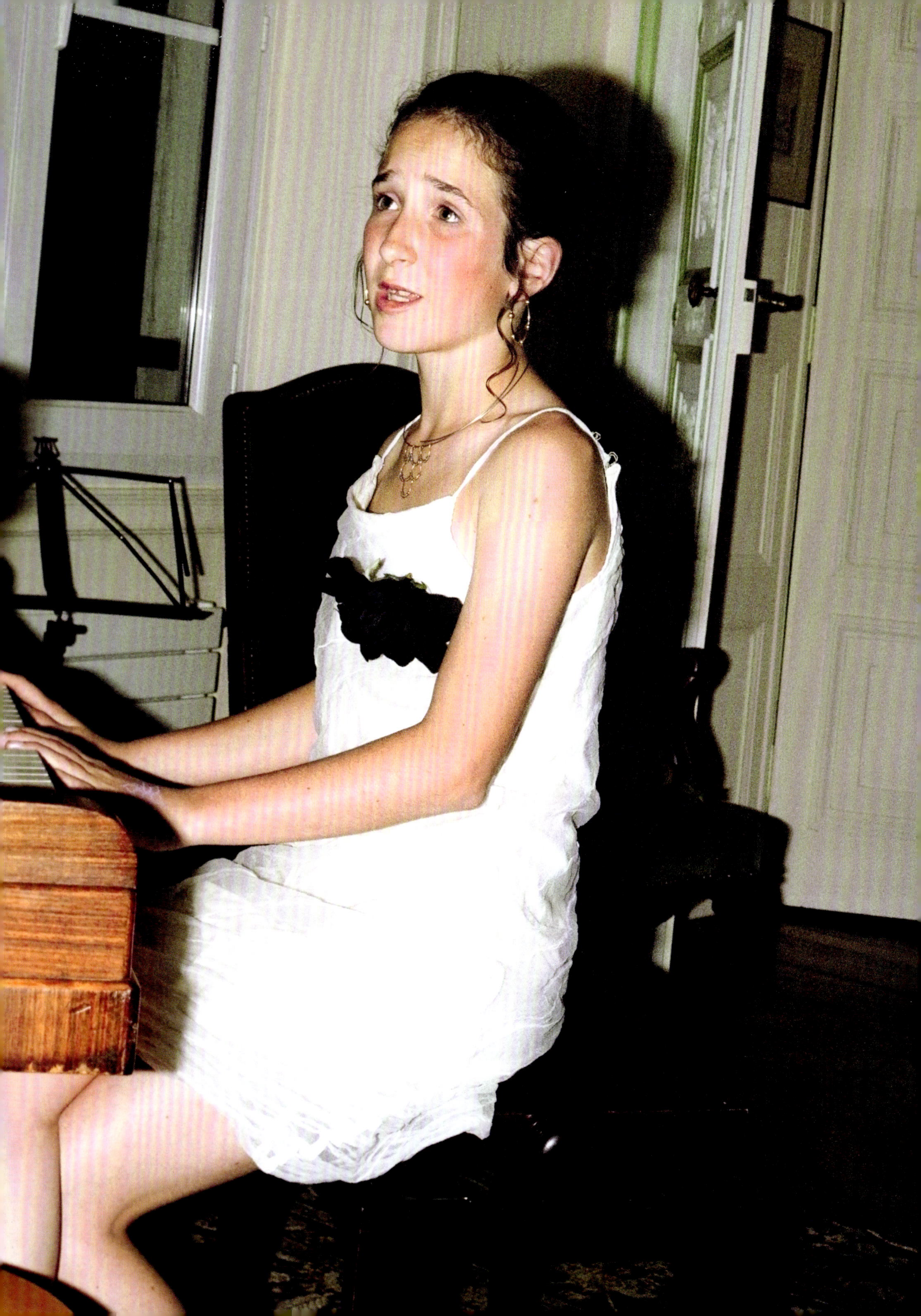

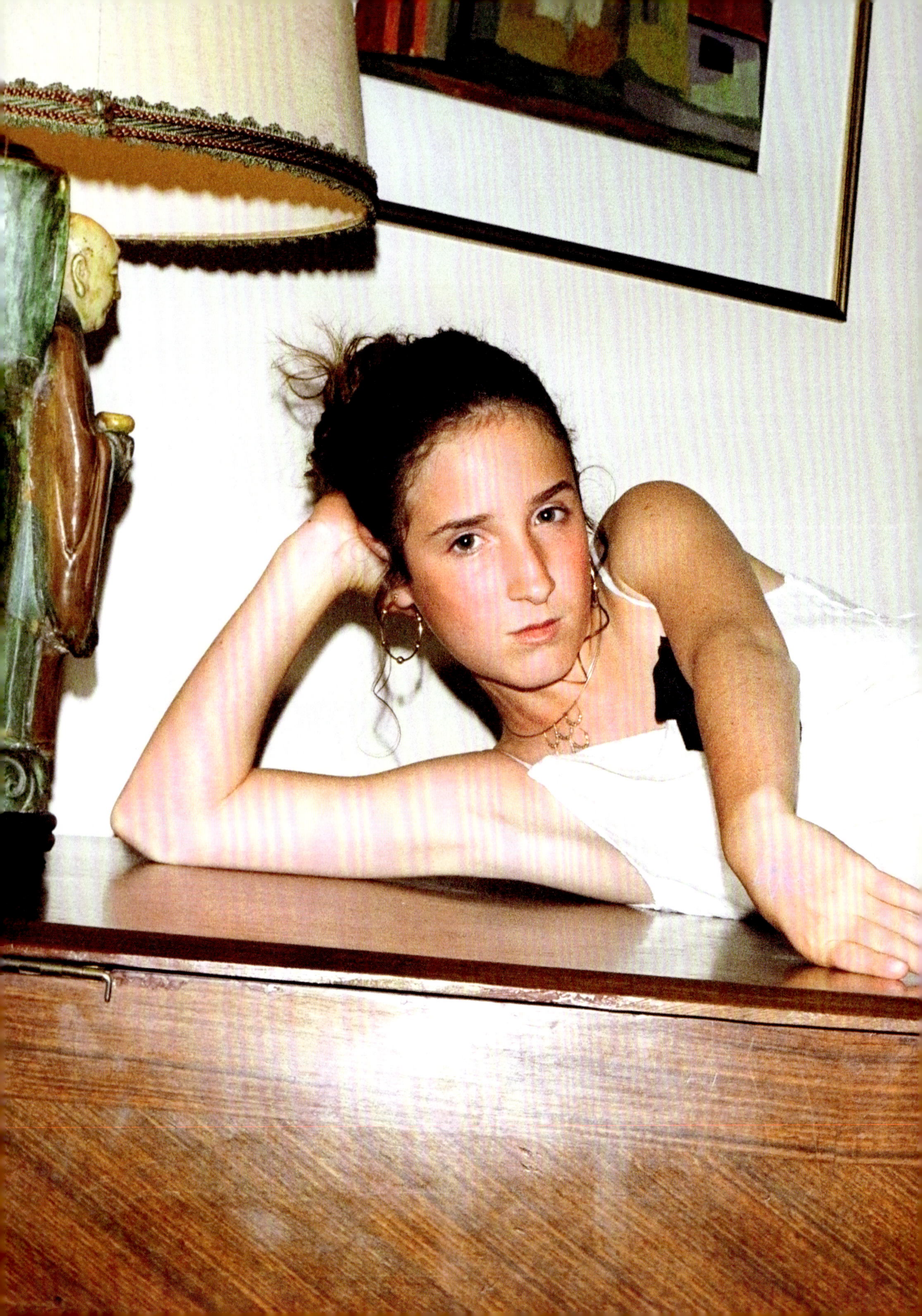

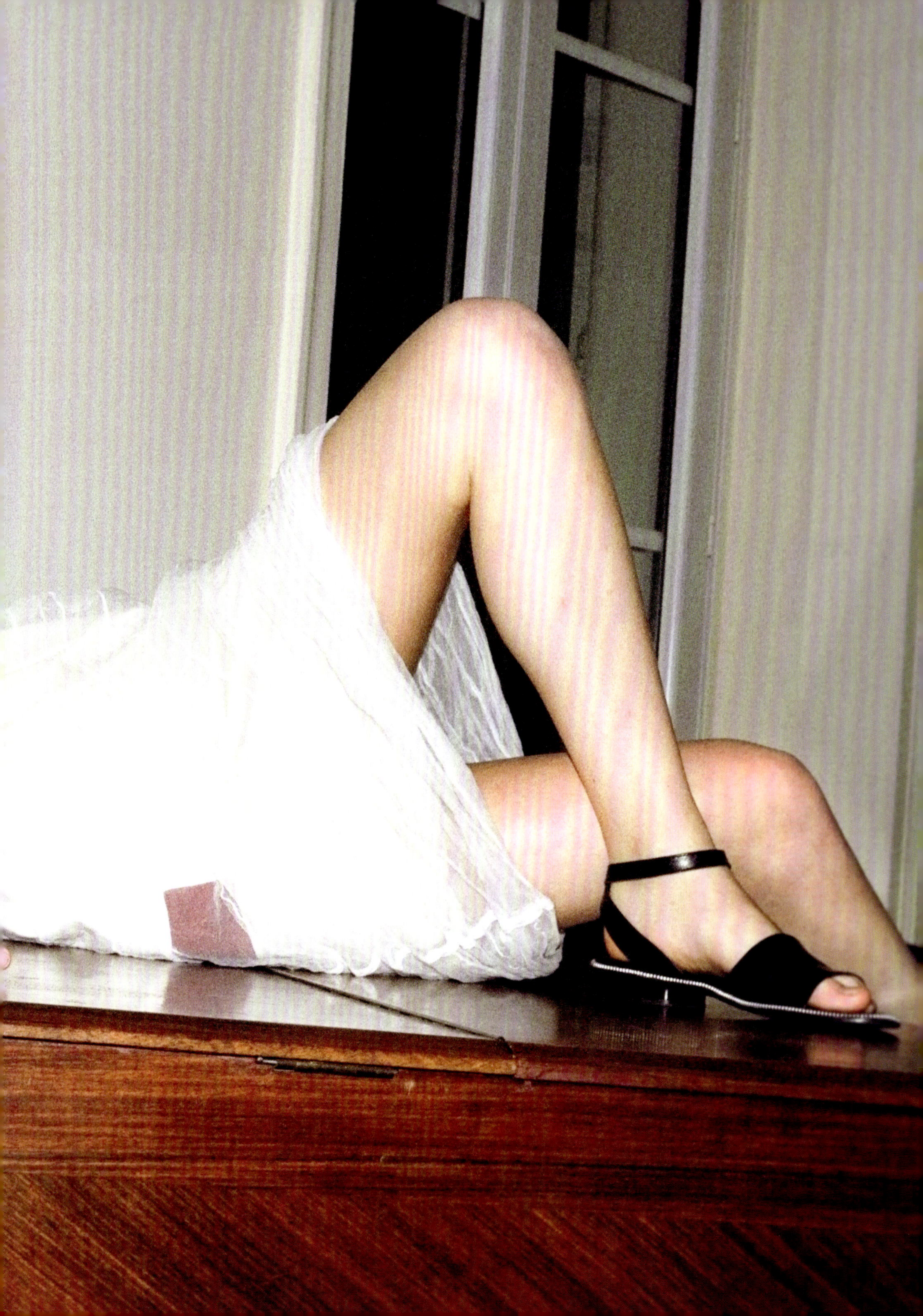

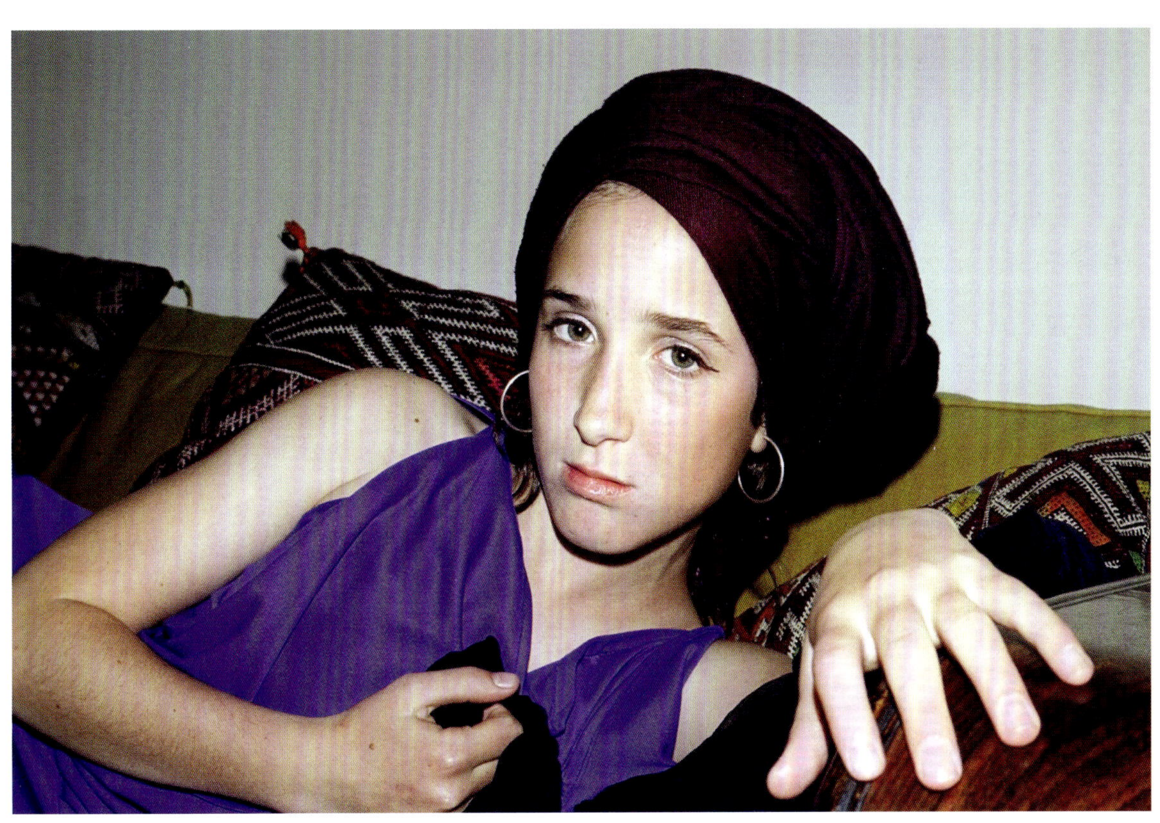

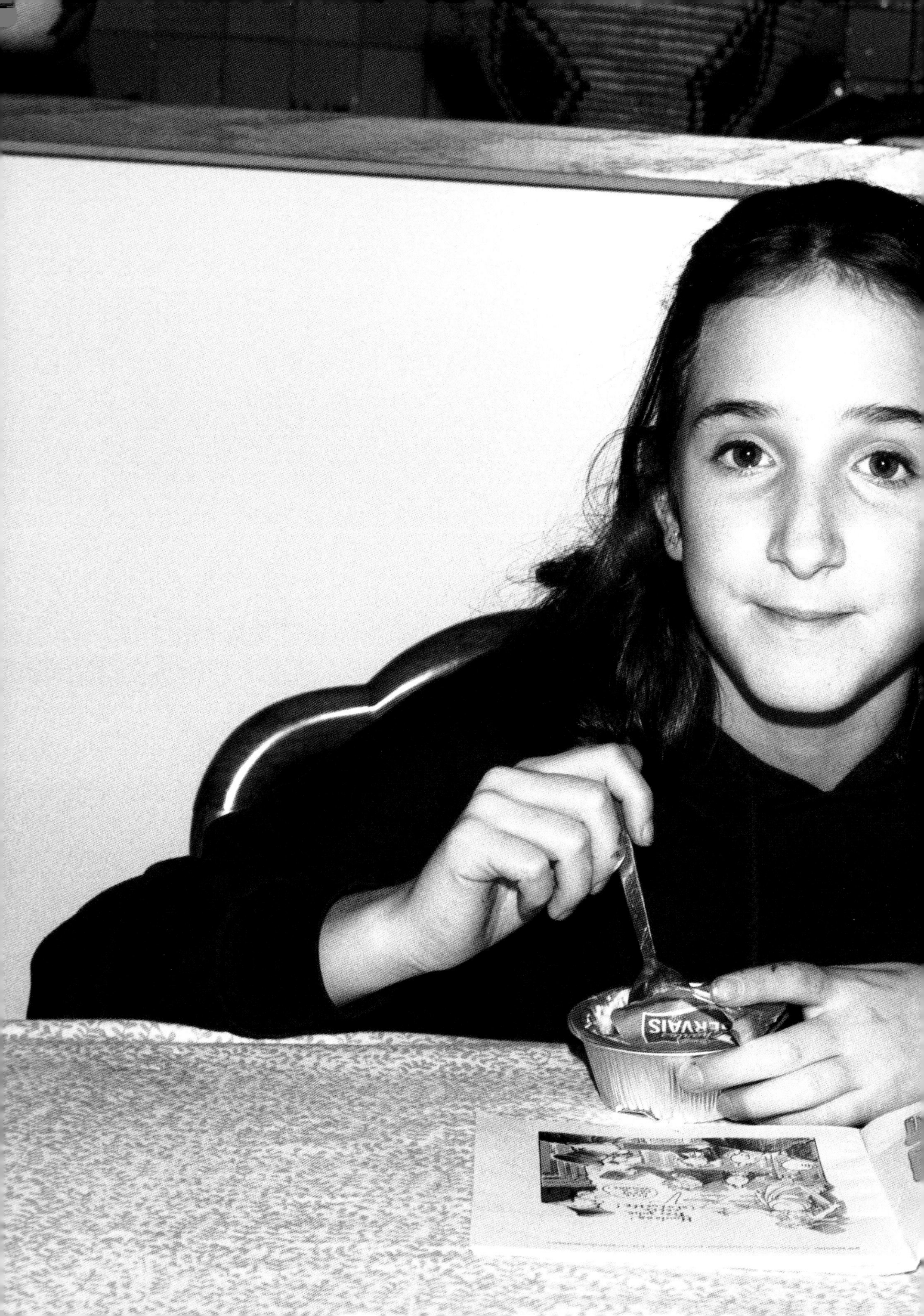

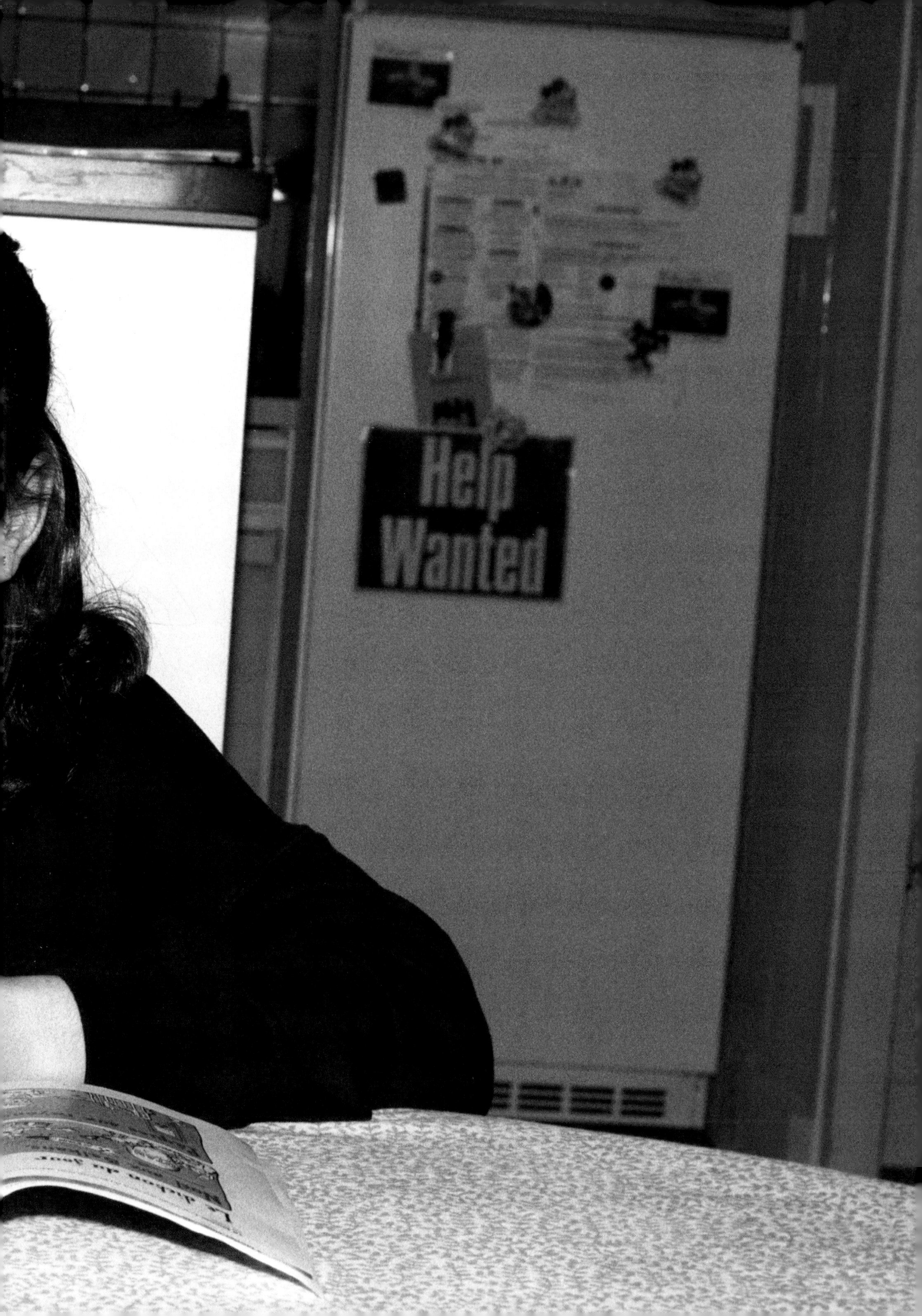
Help
Wanted

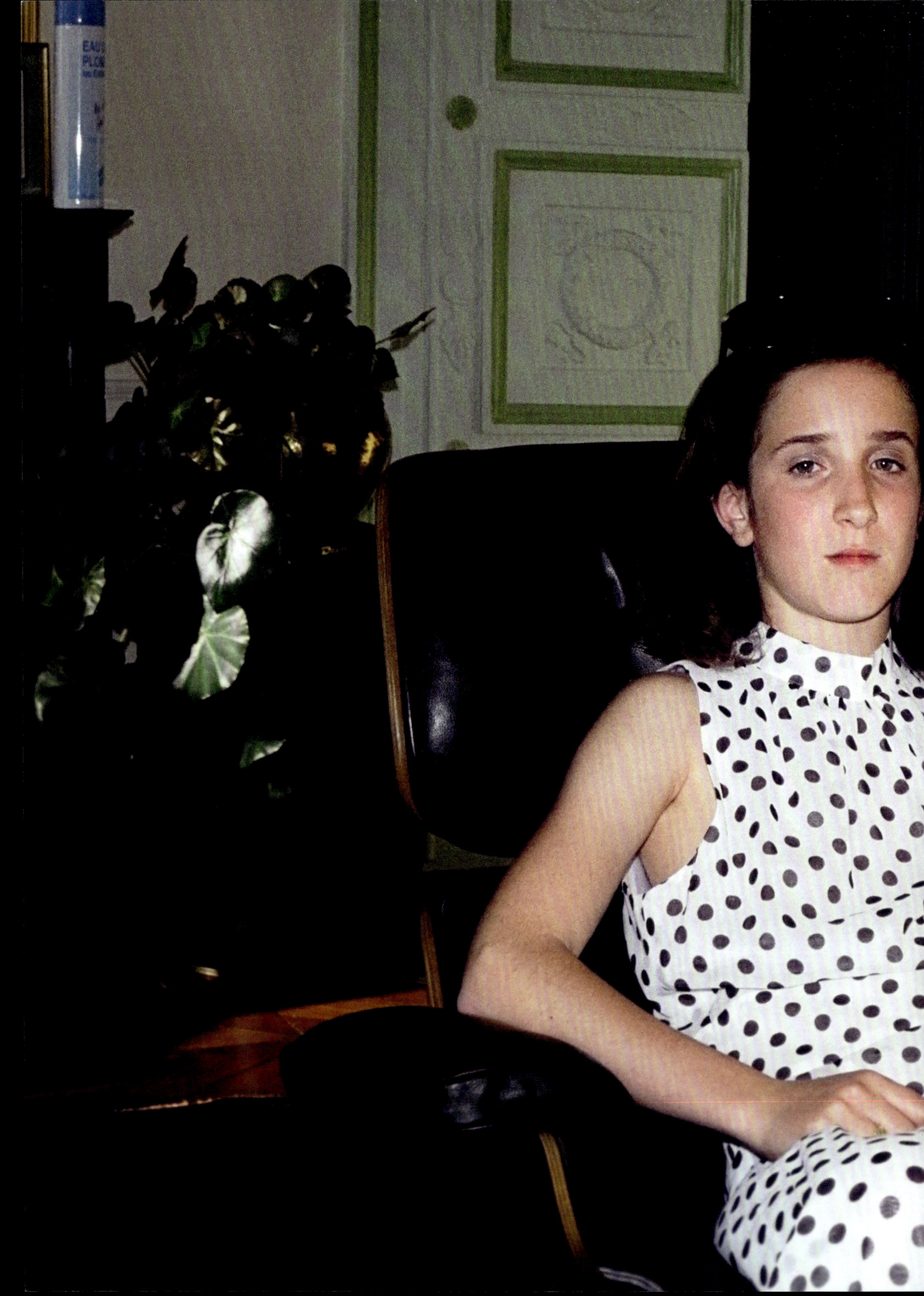

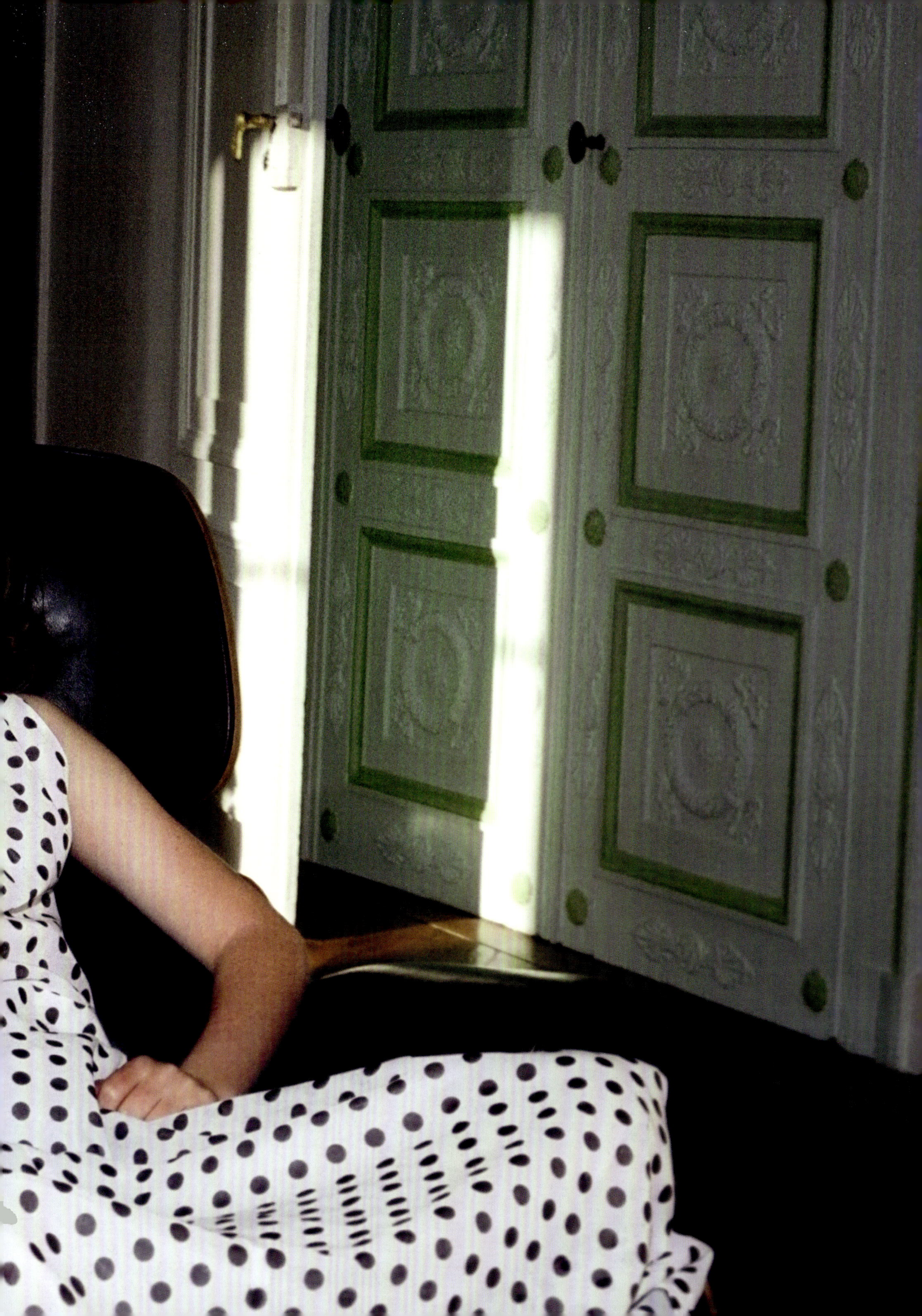

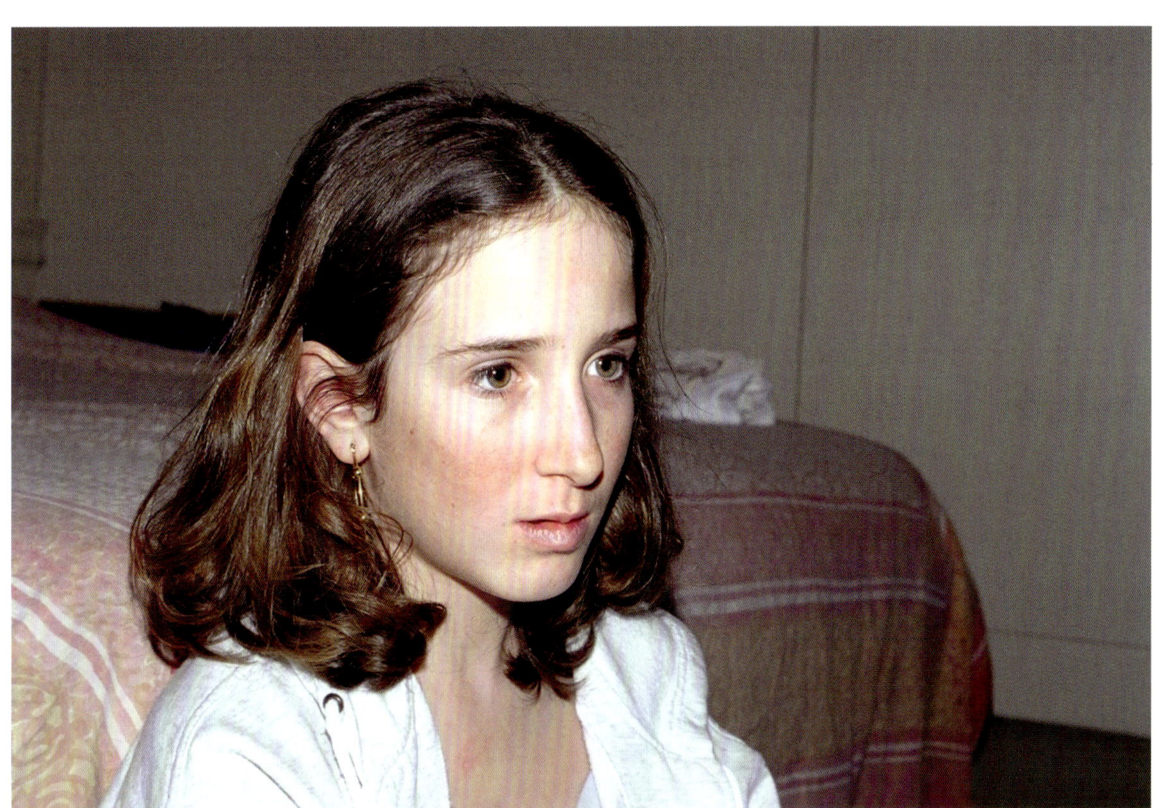

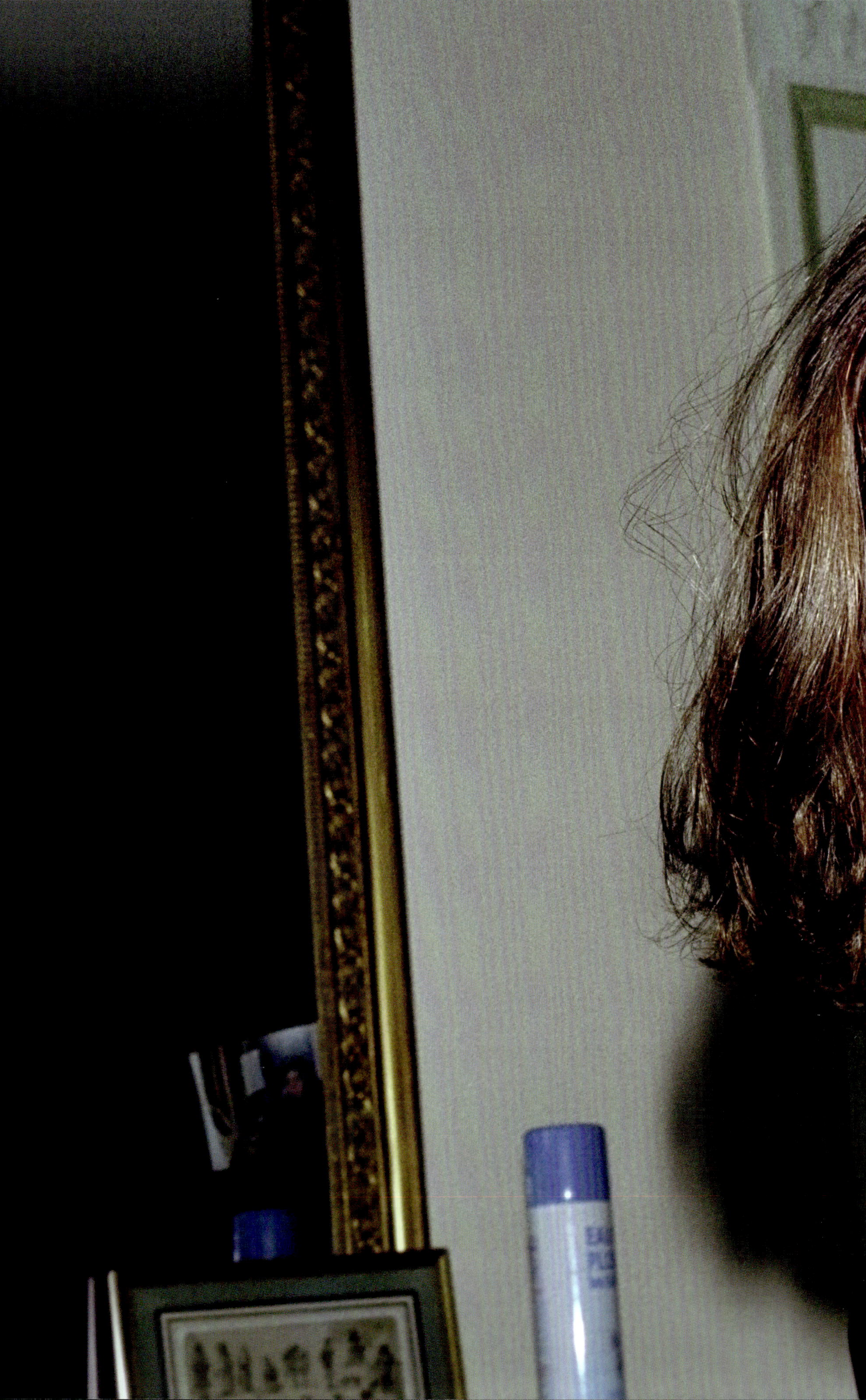

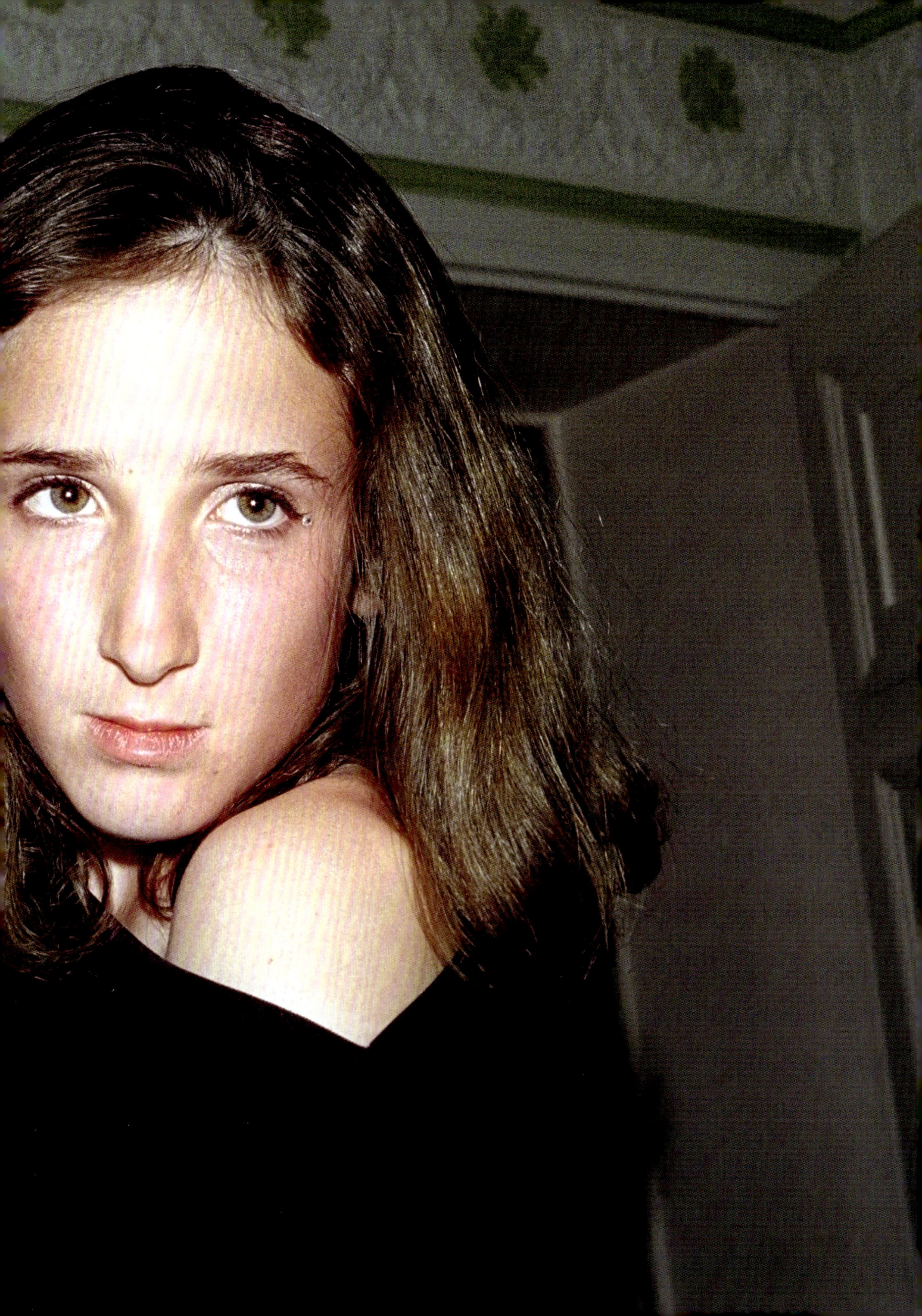

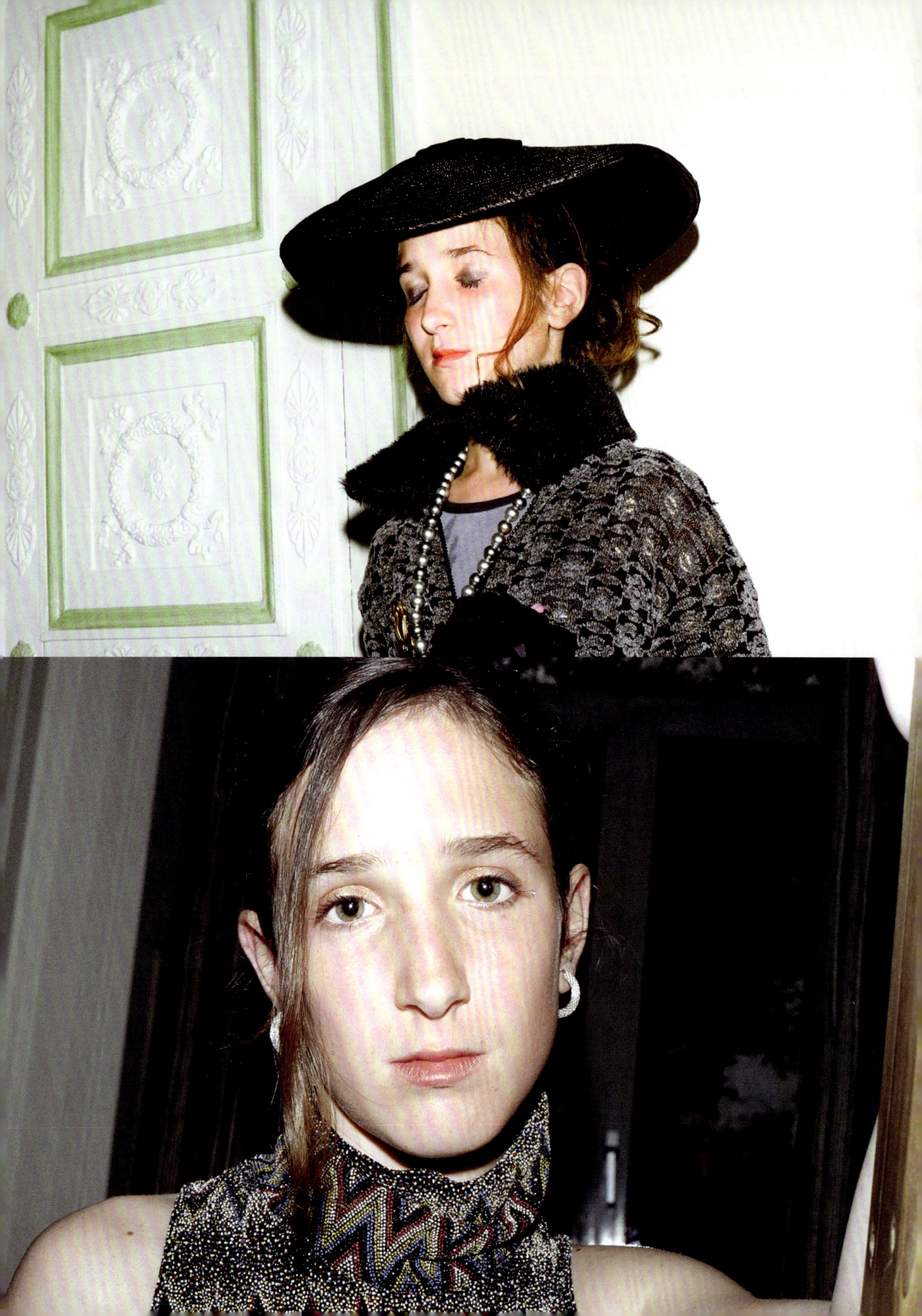

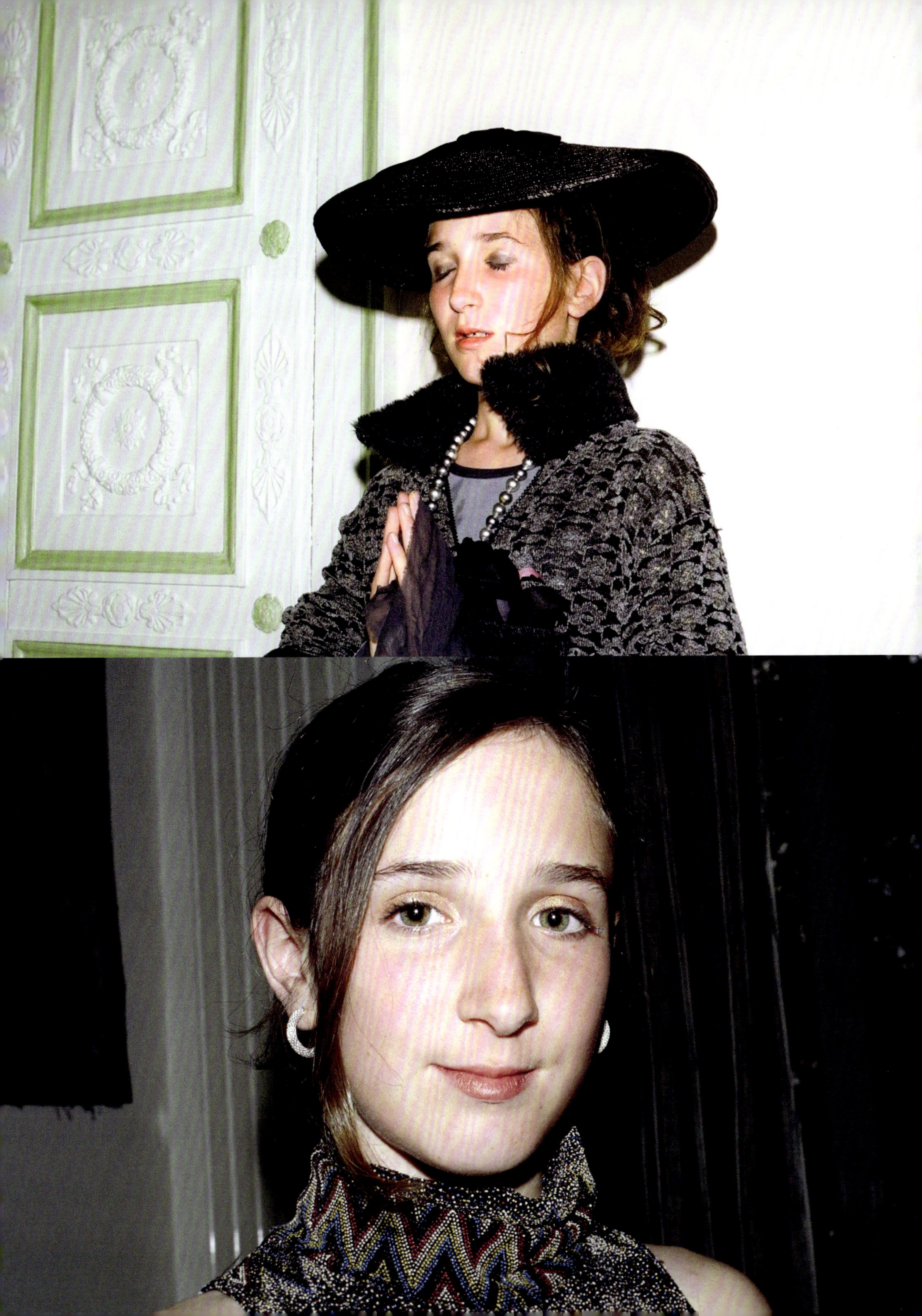

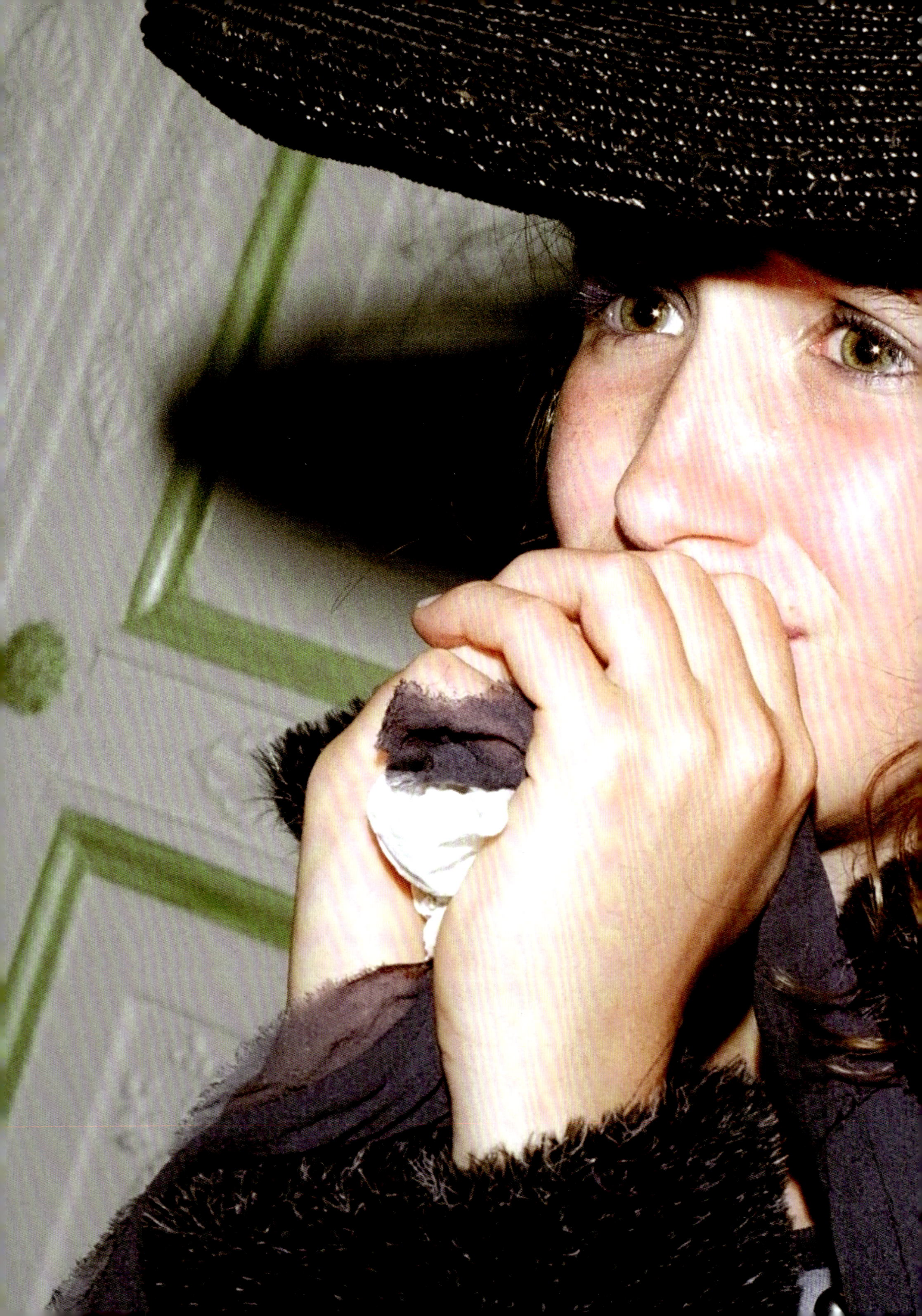

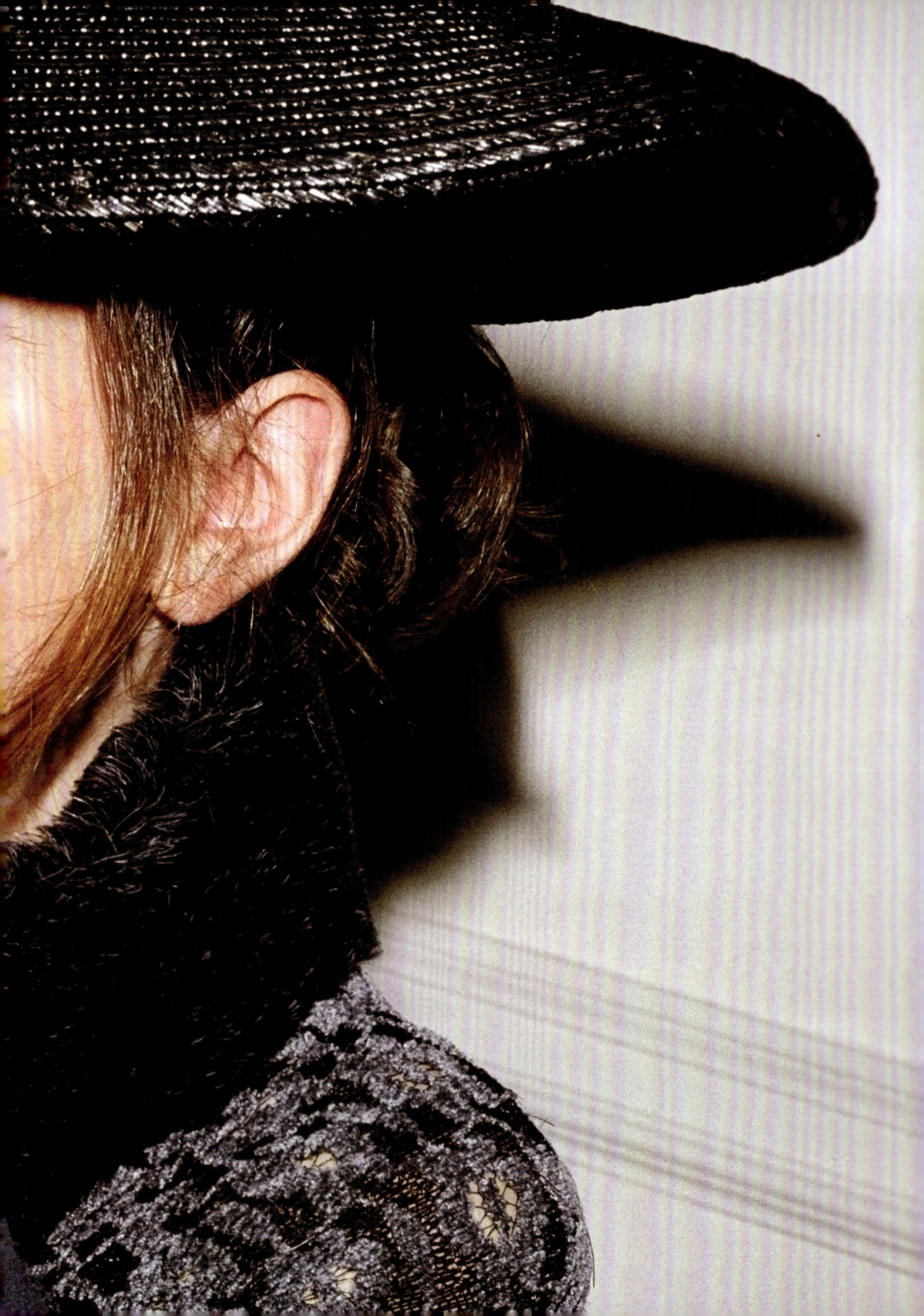

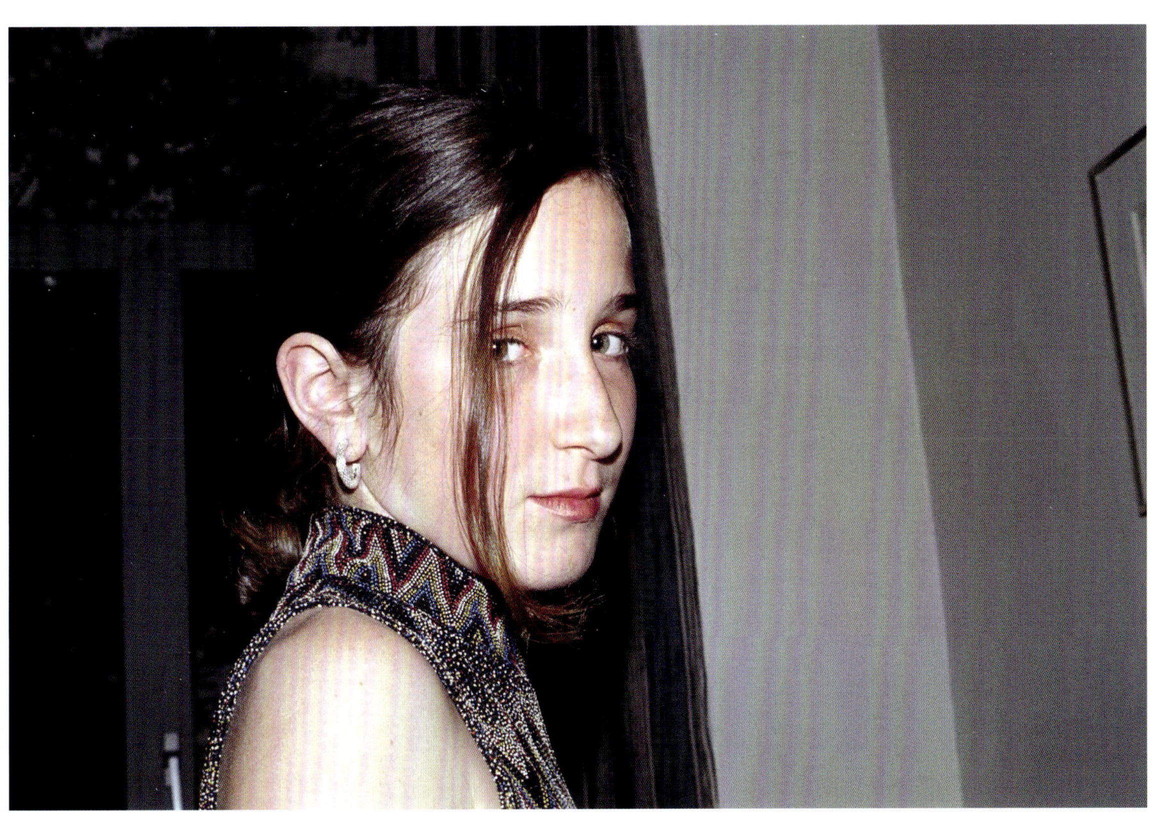

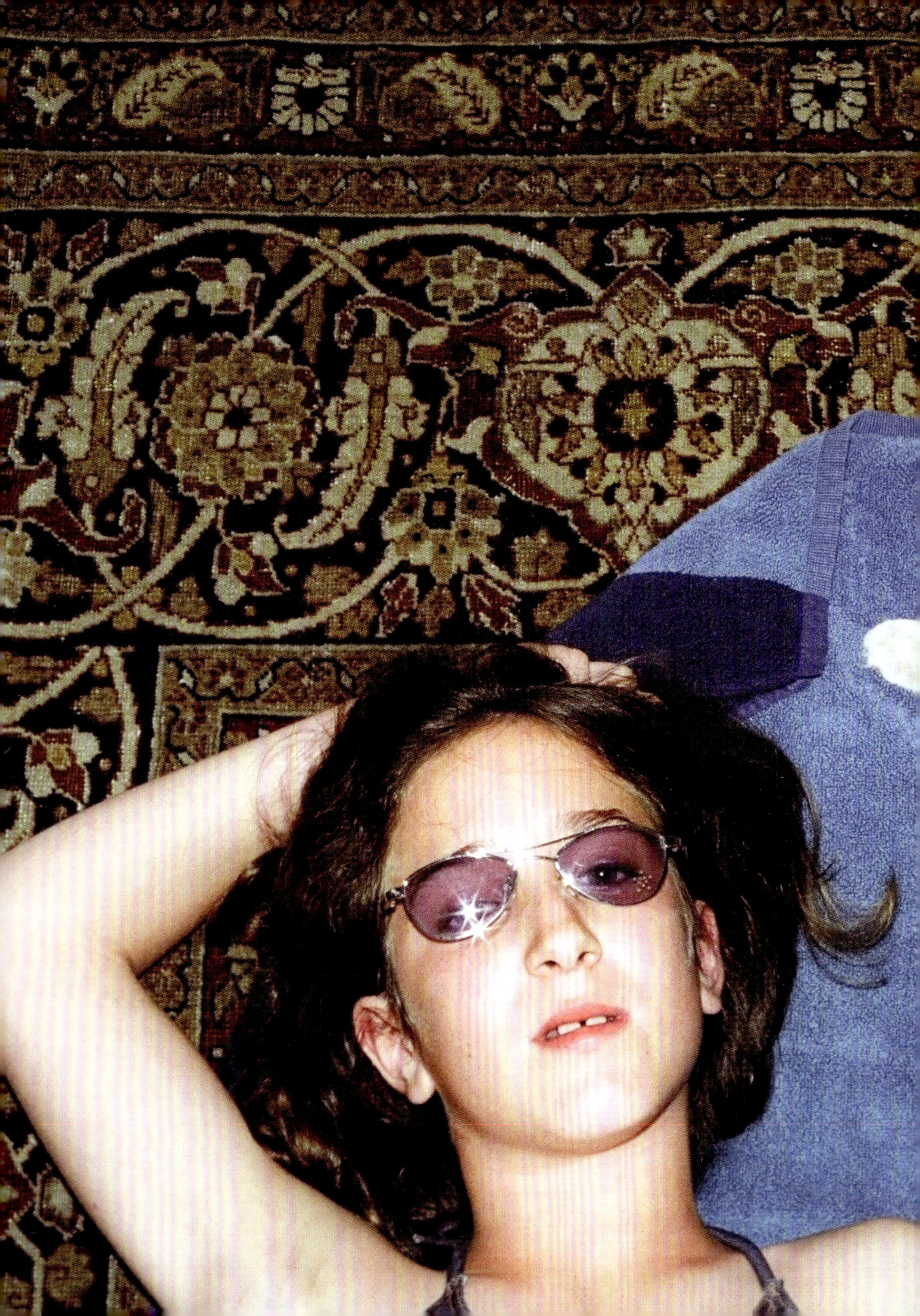

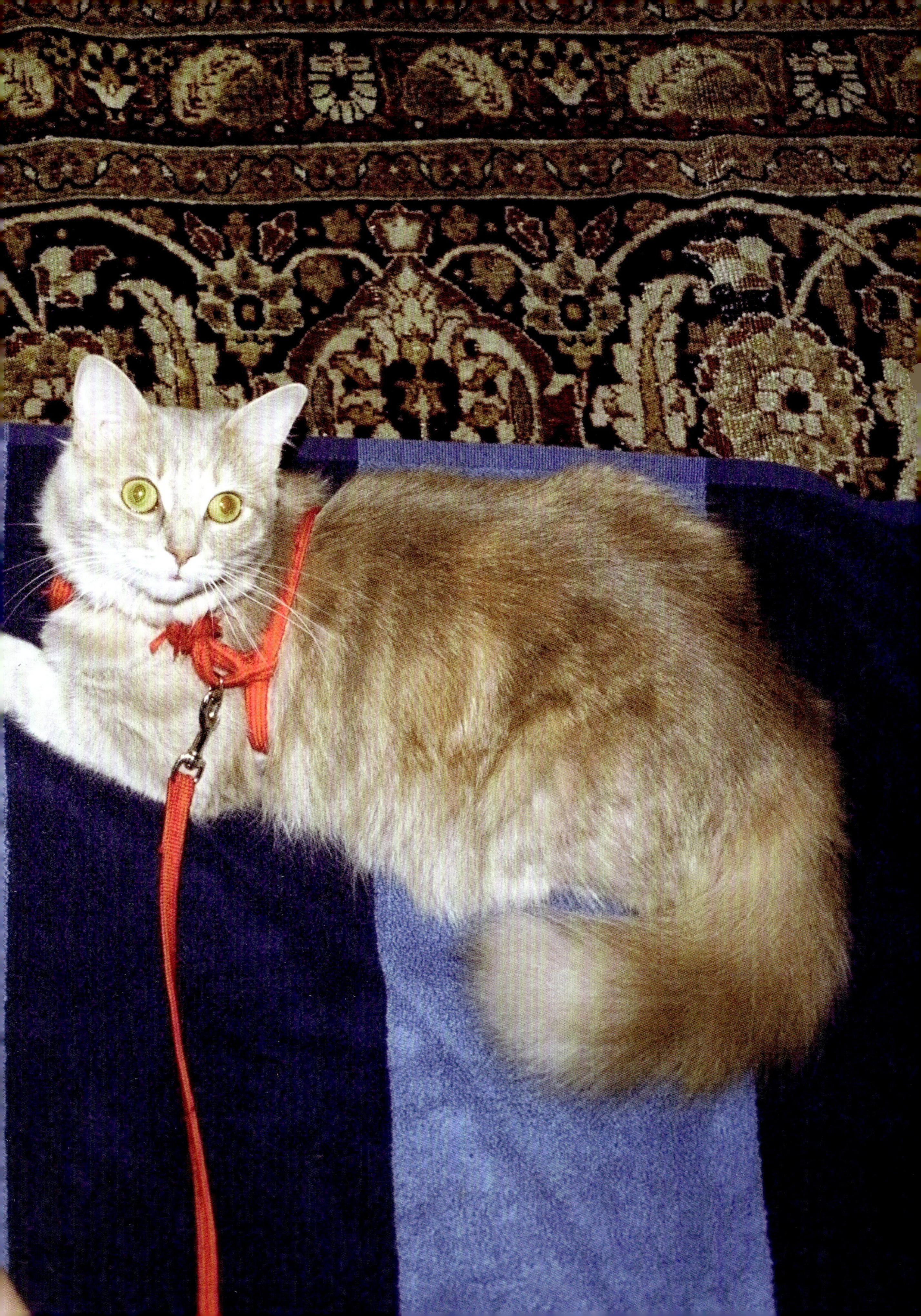

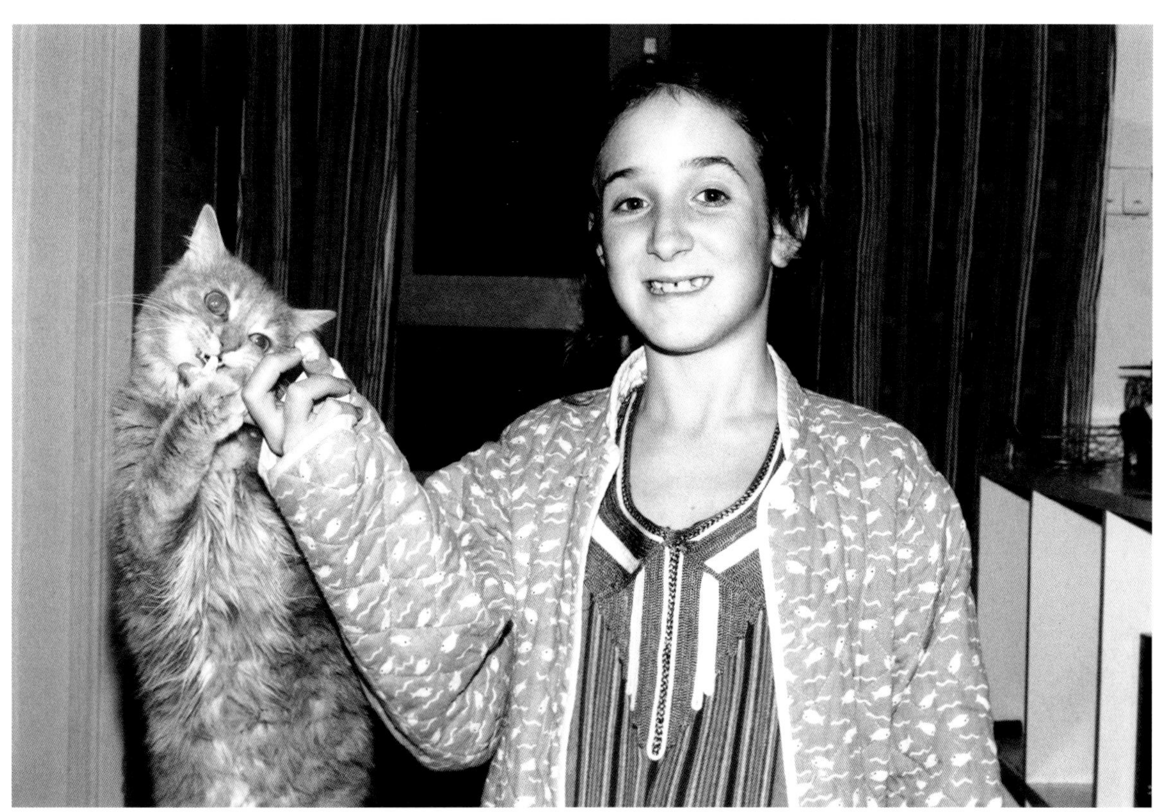

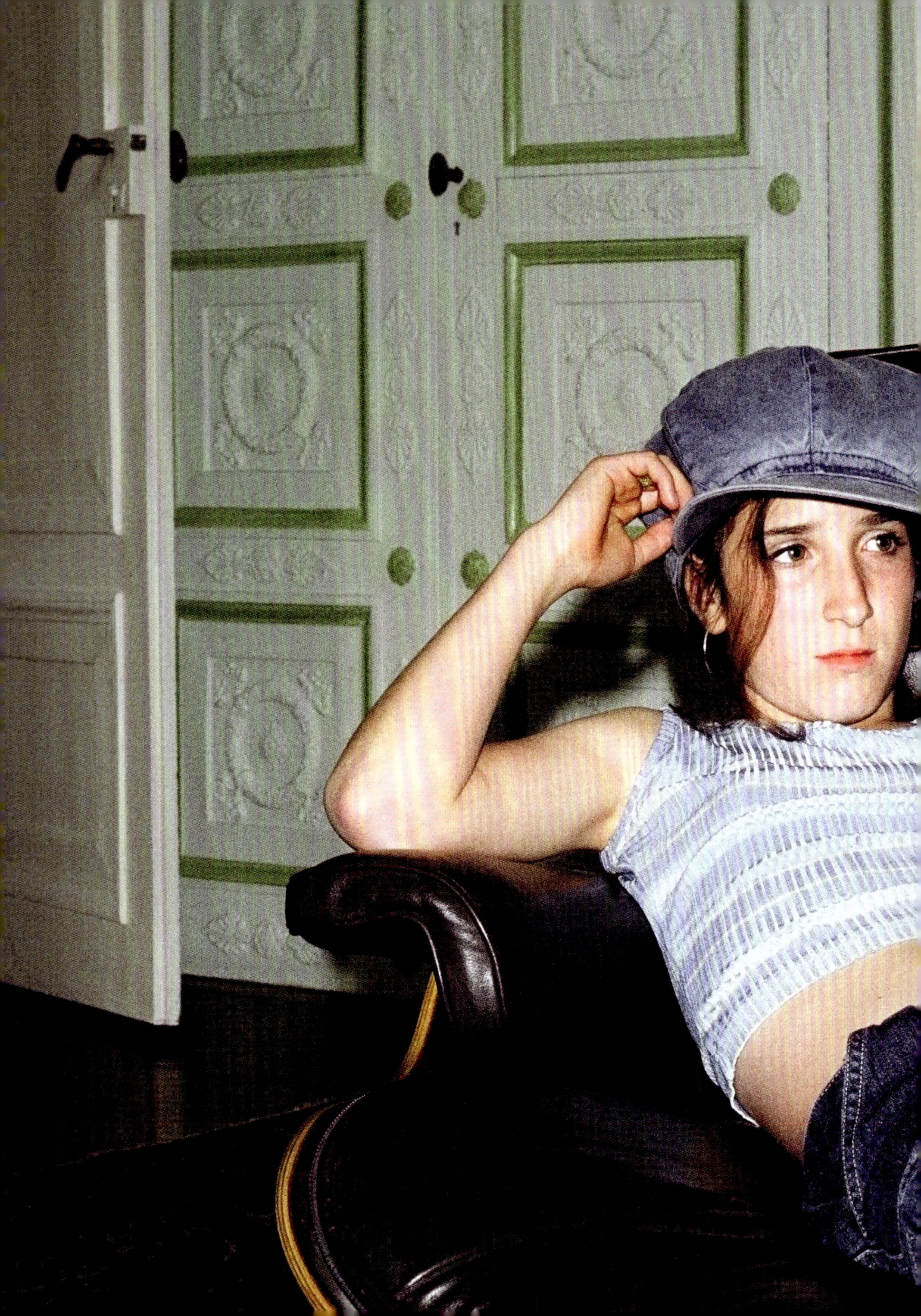

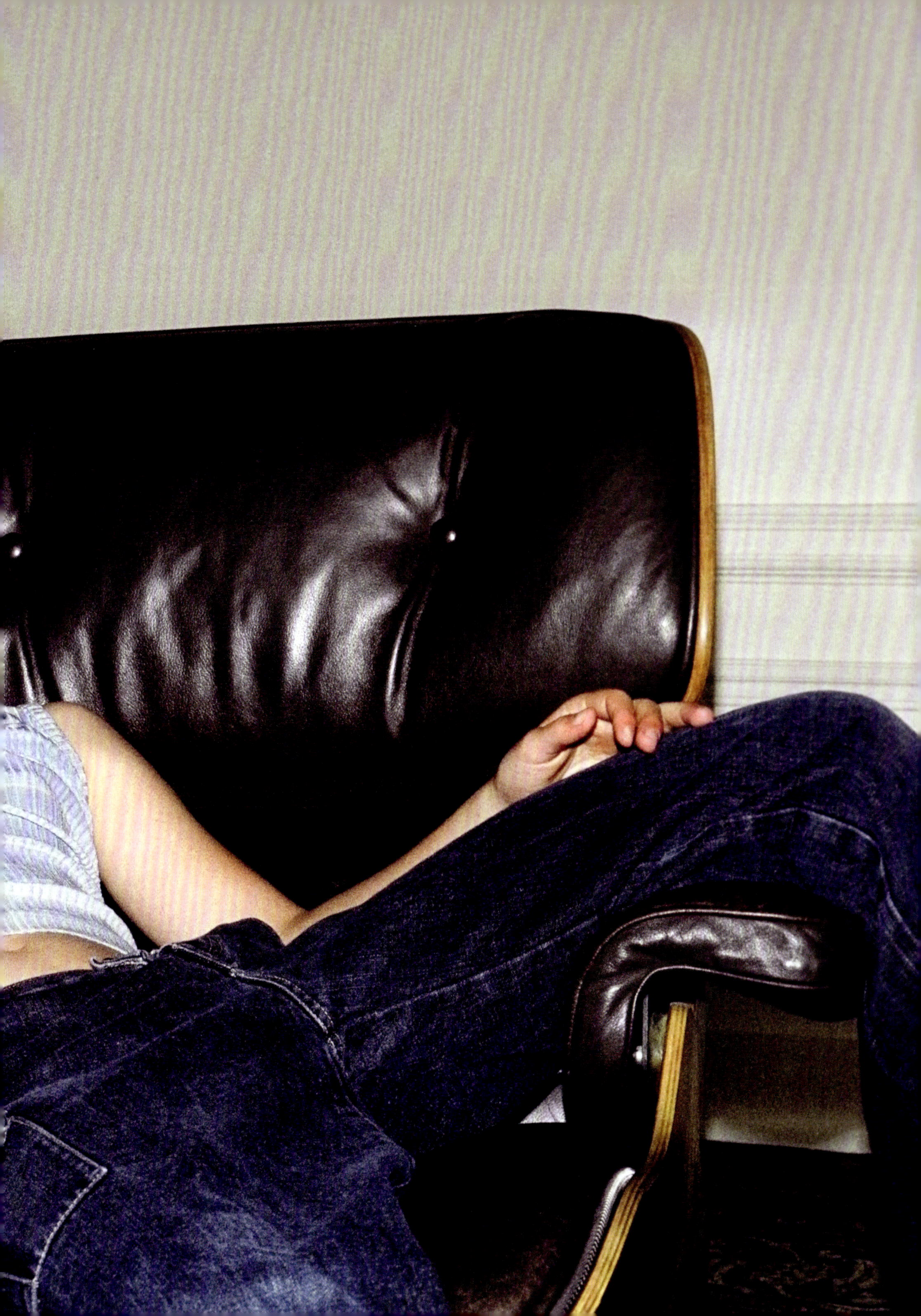

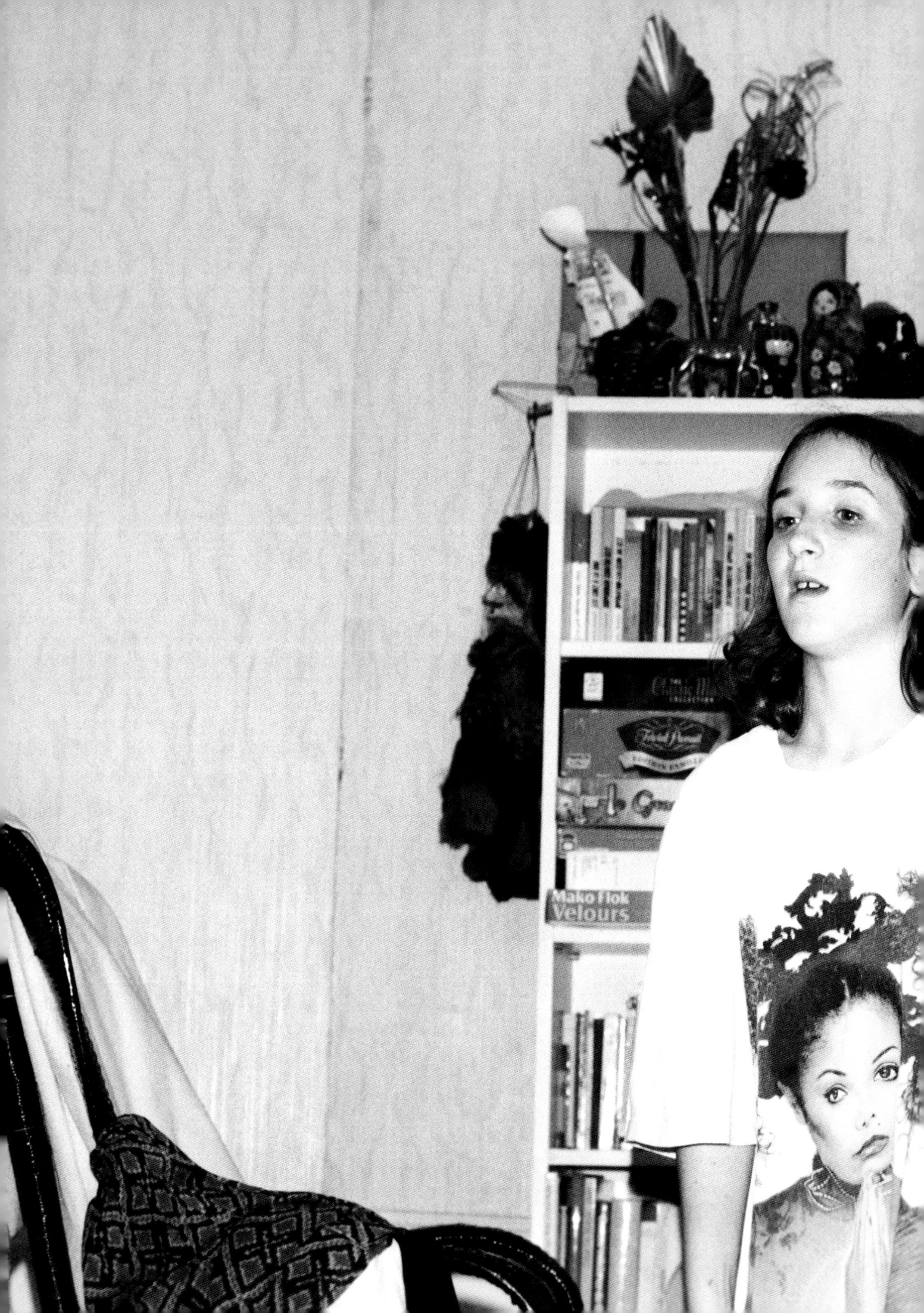
Mako Flok
Velours

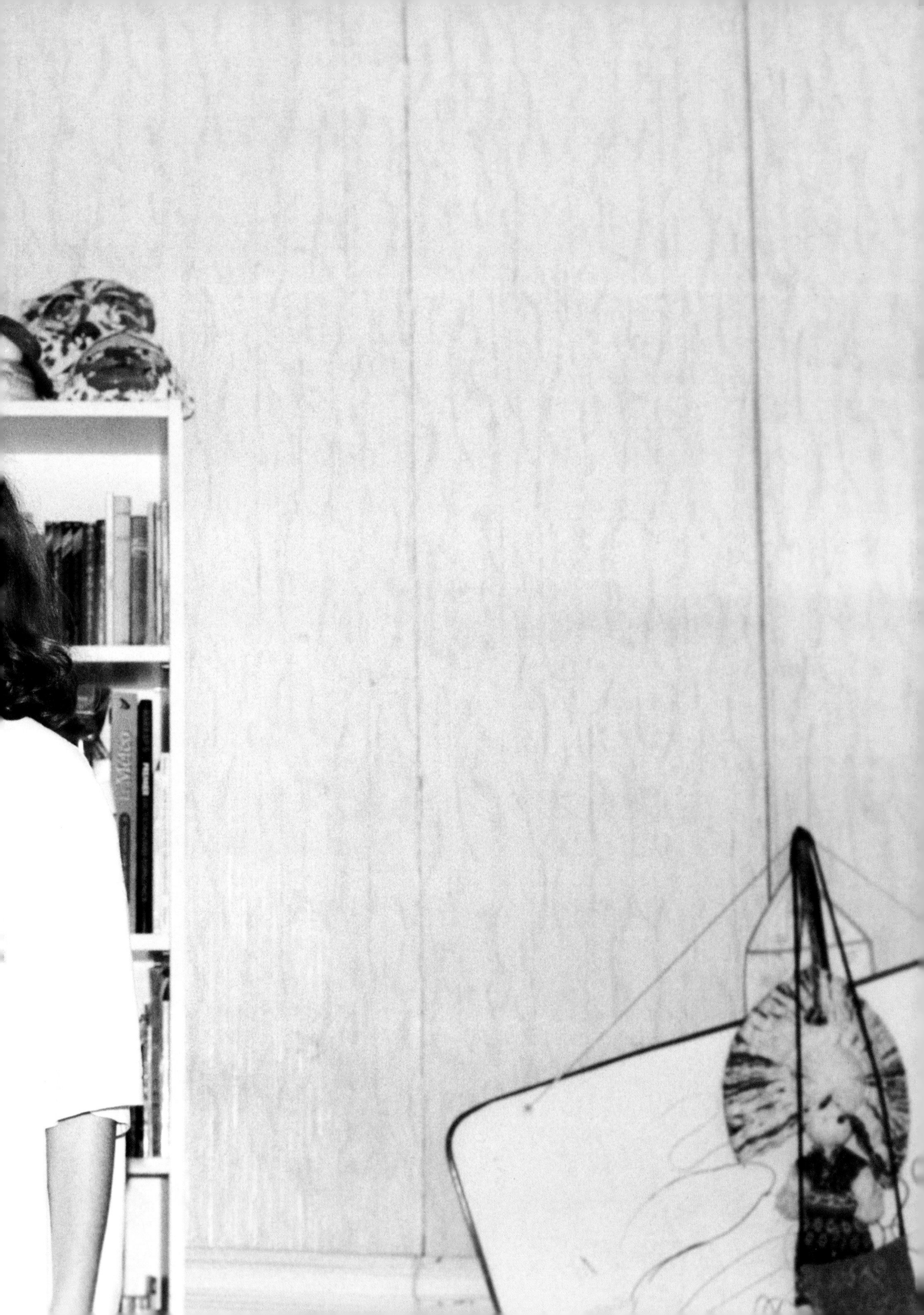

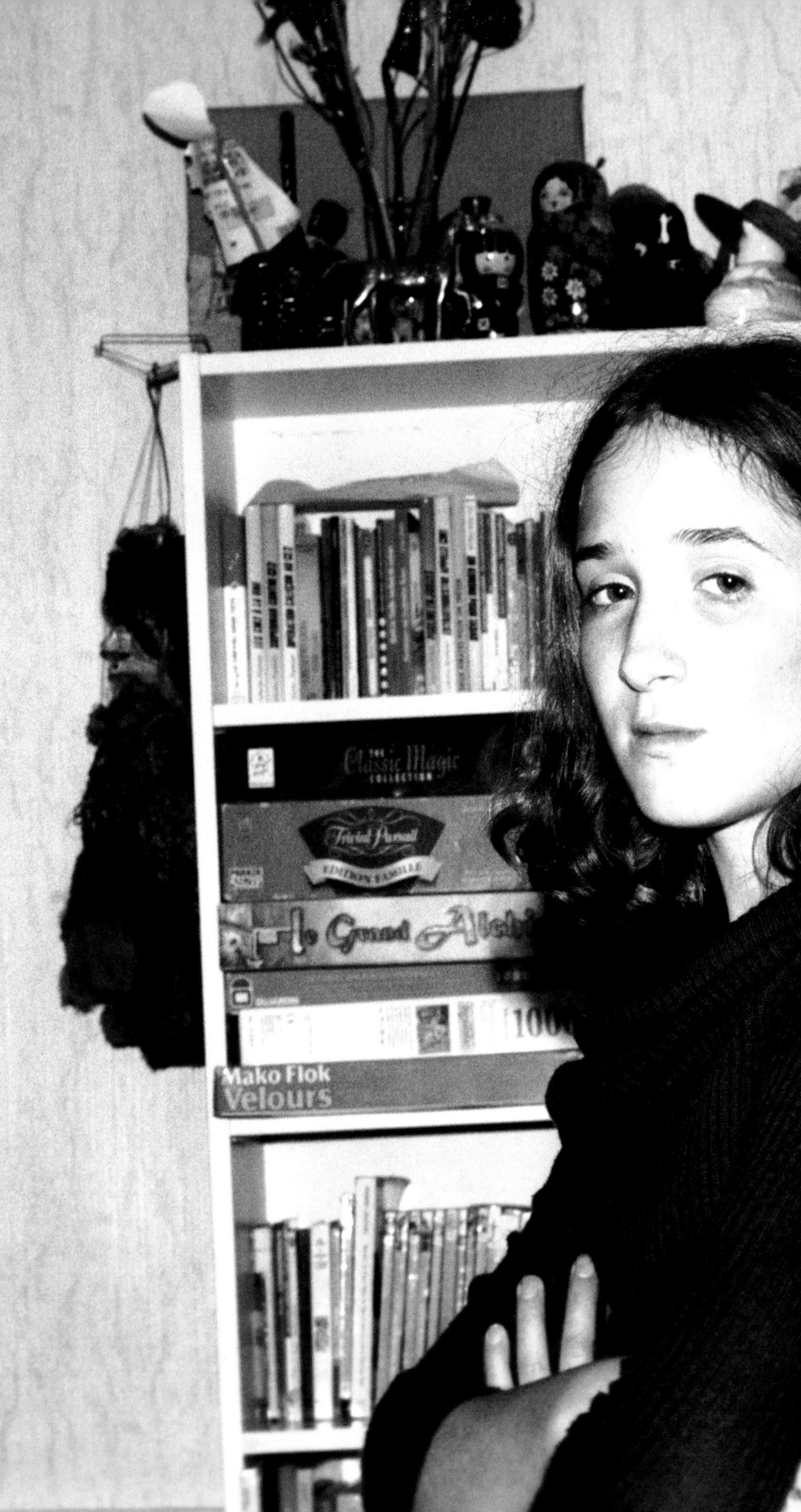
Classic Magic
Mako Flok
Velours

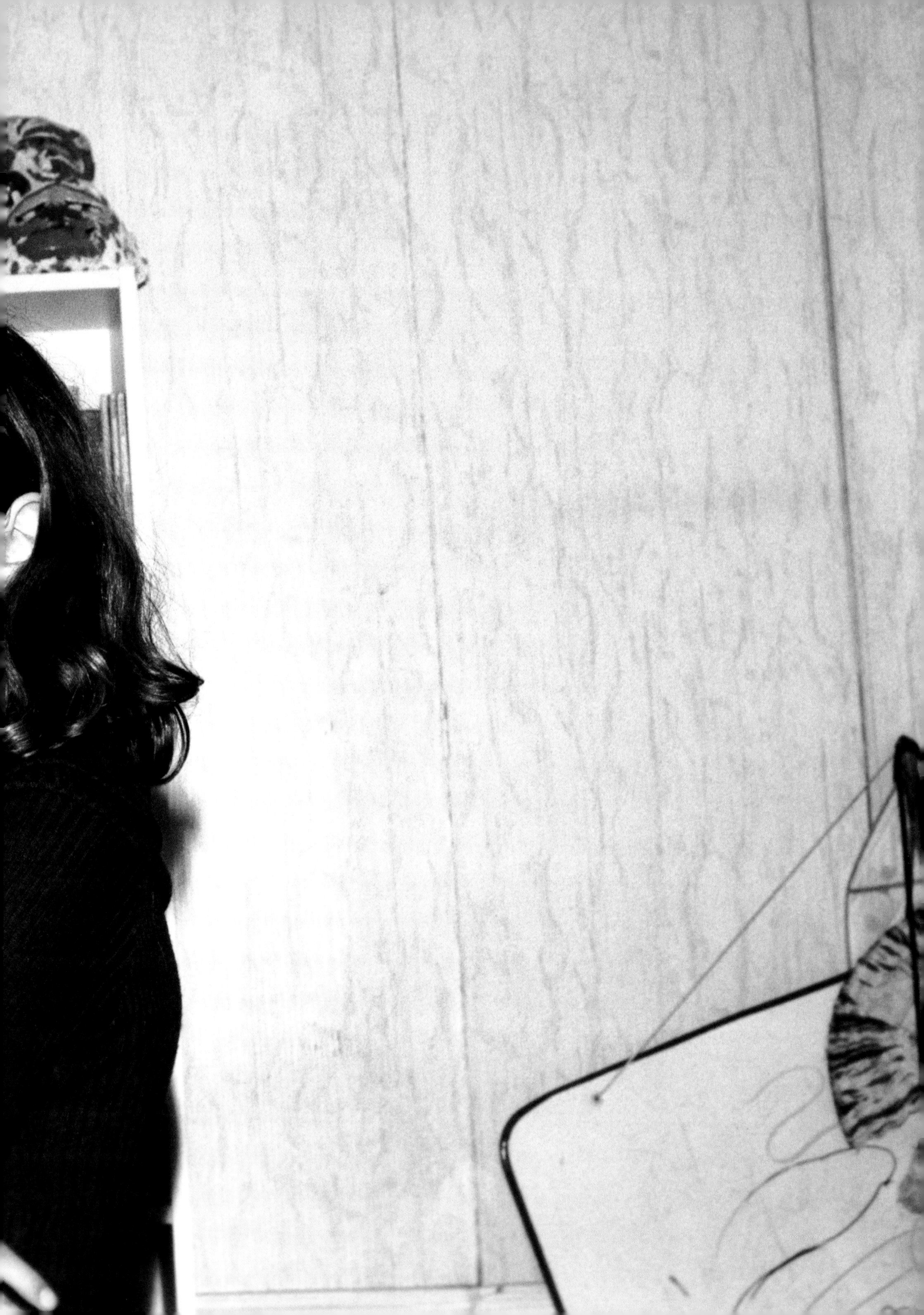

IN-BETWEEN

MADOKA YUKI

ENTRE-DEUX

Thirteen years old: at the beginning of the adolescent phase everyone passes through. Children at this age are not really kids any more, nor are they yet adults. It is the in-between phase. TREIZE was a collaborative creation involving a thirteen-year-old girl, Léa, and a young photographer, Anne-Lena Michel.

The photographer got to know the model while she was working as an au pair in Paris in 2001. She took care of Léa after school at her apartment in Saint-Germain-des-Prés. Léa had her afternoon snack, the »goûter«, and did her homework with Anne-Lena. If they had free time after that, they would do a photo session. It started as a kind of game or free-time activity. They would use the clothes, cosmetics, accessories, etc., they found around the home, belonging to Léa, her mother, or the photographer. In what they referred to as »self-staging«, Léa chose her own costumes and came up with the poses herself. Sometimes she simply wore her costumes without makeup; sometimes she would sit on a sofa in the living room, in heavy makeup. During one photo session, they choreographed a certain scene that was like summer vacation, staging a beach situation with a towel and sunglasses in the living room.

It looks a little outré when Léa dons an oversized dress and wears heavy makeup. It tells us that she is still a teenager and emphasizes her childishness. In another picture she looks like a woman in her twenties, even if she is in the same costume. When she plays with her cat in her nightgown or when she eats her »goûter« in the kitchen, she is pretty much like a child. How old she looks in the photographs depends on her facial expressions and gestures, which appear and then vanish in an instant. In this way Léa plays different female-connoted roles consciously or unconsciously — marked by what she has observed herself in the media or on the street. It is one of the marks of her age that she can show diverse facets of herself with such fluid ease. The photographer documented a thirteen-year-old girl's changeable appearance and everyday life over nine months.

This process of developing and changing was one that affected not only the model but also the photographer. At that time Anne-Lena was neither a professional photographer nor an amateur; she was also in-between. This characterizes the work TREIZE.

At the time of this project, she hadn't yet started to study photography, to become a professional. She was merely interested in photography, especially in the fashion photography prevalent in the 1990s. Her work may be categorized using terms like amateur, everydayness, snapshot even.

One of the starting points of this photographic trend was the series by Corinne Day entitled THE THIRD SUMMER OF LOVE which depicted the fifteen-year-old Kate Moss on the pages of the London lifestyle magazine THE FACE in July 1990. These photographs, taken on Camber Sands in England, showed Moss posed in a natural way with playful gestures, in a seemingly unstaged private moment. These images conveyed intimacy and were astonishing for their raw and authentic feel. Instead of glamorous glossy supermodels and staged studio photographs, such an apparently spontaneous snapshot of a teenage model in a suburban situation aroused the interest of young magazine readers. An amateurish »realistic« style became prominent in the sphere of fashion photography. Anne-Lena was a fan of this kind of fashion photography and read the magazines which contributed snapshots from the everyday life of young models to fashion pages like THE FACE and I-D. She was particularly impressed by Juergen Teller's photographic series VERSACE-HEART for SZ-MAGAZIN in 1996, featuring the model Kristen McMenamy with the word »Versace« drawn in a heart across her chest. His images were not staged perfectly but represented the unglamorous everyday life of a top model without makeup, photographed in awkward poses.

Fifteen years later, the photographer rediscovered the importance of her work TREIZE. In the meantime, she had majored in photography at an art university and attained an understanding of the criteria that constitute »good« photography. For the series TREIZE she didn't choose the snapshot style as her artistic strategy. They were simply snapshots which she can now no longer take. Even though Léa wears gorgeous clothing and makeup as in a staged fashion photograph, the elements of an ordinary young girl's everyday life were unconsciously shown in the photographs. Elements such as a spray can in the background, washed clothing on the bed, a leather camera case on the floor, etc., show that the everydayness in TREIZE was not staged. These striking yet natural images show through the optical unconscious. Because Anne-Lena was not yet a photographer during these photo shoots, she could come close to the potential of photography — unconsciously. Because she has become a professional photographer, she can now discover the relevance of this photographic oeuvre.

Treize ans: le début de la phase d'adolescence que tout le monde traverse. Les enfants de cet âge ne sont plus vraiment des enfants mais ne sont pas encore vraiment des adultes. C'est la période de l'entre-deux. La création collaborative TREIZE a impliqué une jeune fille de 13 ans, Léa, et une jeune photographe, Anne-Lena Michel.

La photographe a fait la connaissance du modèle à Paris en 2001, lorsqu'elle y travaillait en tant que jeune fille au pair. Elle s'occupait de Léa après l'école dans son appartement de Saint-Germain-des-Prés. Léa prenait son goûter et faisait ses devoirs avec Anne-Lena. S'il leur restait du temps libre après cela, elles organisaient une séance photo. Cela a commencé comme un genre de jeu ou de passe-temps. Elles utilisaient les vêtements, les maquillages, les accessoires qu'elles trouvaient dans la maison et qui appartenaient à Léa, à sa mère ou à la photographe. Dans ce qu'elles appelaient une « auto mise en scène », Léa choisissait son propre costume et proposait elle-même les poses. Parfois elle portait simplement ses costumes sans maquillage ; parfois elle s'asseyait sur un divan dans le salon, outrageusement maquillée. Lors d'une des séances photos, elles ont orchestré cette saynète qui ressemblait à des vacances d'été, mettant en scène dans le salon une situation de plage avec une serviette et des lunettes de soleil.

Léa semble en faire un peu trop lorsqu'elle enfile une robe trop grande pour elle et se maquille outrageusement. Cela nous dit qu'elle est encore une adolescente et met l'accent sur sa puérilité. Sur une autre image, elle ressemble à une femme d'une vingtaine d'années, même si elle porte le même costume. Quand elle joue avec son chat dans sa chemise de nuit ou quand elle mange son goûter dans la cuisine, elle ressemble beaucoup à une enfant. L'âge qu'elle semble avoir sur les photographies dépend de son expression et de ses gestes, qui apparaissent et disparaissent en un instant. C'est ainsi que Léa joue consciemment ou inconsciemment différent rôles féminins connotés – portant la marque de ce qu'elle a elle-même observé dans les médias ou dans la rue. C'est l'une des caractéristiques de son âge de pouvoir montrer différentes facettes de sa personnalité avec tant d'aisance et de fluidité. La photographe a documenté l'apparence versatile d'une fillette de 13 ans et sa vie quotidienne pendant neuf mois.

Ce processus de développement et de changement a touché non seulement la modèle, mais également la photographe. À cette époque, Anne-Lena n'était ni une photographe professionnelle, ni une amateure ; elle était aussi dans l'entre-deux. C'est la caractéristique du travail TREIZE.

À l'époque du projet, elle n'avait pas encore commencé à étudier la photographie pour devenir professionnelle. Elle était simplement intéressée par la photographie, en particulier par la photographie de mode qui prévalait dans les années 1990. Son travail peut être catégorisé en utilisant des termes comme amateur, quotidienneté ou même instantané. La série de Corinne Day intitulée THE THIRD SUMMER OF LOVE (« Le troisième été de l'amour »), qui représente une Kate Moss âgée de 15 ans sur les pages du magazine de mode londonien THE FACE en juillet 1990, constitue l'un des points de départ de cette tendance photographique. Ces photographies, prises à Camber Sands en Angleterre, montraient Moss posant de manière naturelle avec une gestuelle enjouée dans un moment privé apparemment sans mise en scène. Ces images véhiculaient une impression d'intimité et étonnaient par leur aspect authentique et brut. Au lieu de superbes mannequins glamours et brillants et de photos de studio mises en scène, un tel instantané apparemment spontané d'une modèle adolescente dans un décor de banlieue a suscité l'intérêt des jeunes lecteurs de magazines. Ce style de « réalisme » amateur est devenu une mode dans la sphère de la photographie de mode. Anne-Lena était fan de ce genre de photographie de mode et lisait les magazines tels que THE FACE ou I-D qui ont transposé les instantanés de la vie quotidienne de jeunes modèles aux pages de la rubrique mode. Elle a été particulièrement impressionnée par la série photographique de Juergen Teller VERSACE-HEART pour SZ-MAGAZIN en 1996, qui mettait en vedette le modèle Kristen McMenamy avec le mot « Versace » dessiné dans un cœur sur sa poitrine. Ses images n'étaient pas parfaitement mises en scène, mais représentaient la vie quotidienne sans gloire d'un top model sans maquillage, photographié dans des poses ingrates.

Quinze ans plus tard, la photographe a redécouvert l'importance de son travail TREIZE. Entre-temps, elle s'est spécialisée en photographie dans une école d'art et a acquis une compréhension des critères qui constituent la « bonne » photographie. Pour la série TREIZE, elle n'a pas choisi le style instantané comme stratégie artistique. C'étaient simplement des instantanés qu'elle ne pourrait plus prendre aujourd'hui. Même si Léa porte des vêtements magnifiques et du maquillage comme pour une photographie de mode mise en scène, les éléments de la vie quotidienne d'une jeune fille ordinaire ont été inconsciemment montrés dans les photographies. Des éléments tels qu'une bombe aérosol à l'arrière-plan, des vêtements lavés sur le lit, un étui de caméra en cuir sur le sol, etc. montrent que la quotidienneté dans TREIZE n'était pas mise en scène. Ces images saisissantes mais naturelles laissent transparaître visuellement l'inconscient. Comme Anne-Lena n'était pas encore photographe au moment de ces séances photo, elle a pu se rapprocher du potentiel de la photographie – inconsciemment. Parce qu'elle est devenue photographe professionnelle, elle peut maintenant découvrir la pertinence de cette œuvre photographique.

EDITOR
ÉDITION
A.L.M. EDITIONS

CONCEPT
ANNE-LENA MICHEL

COVER LAYOUT
AND TYPOGRAPHY
GRAPHISME
GINA MÖNCH

TEXT
TEXTE
MADOKA YUKI

TRANSLATION
TRADUCTION
ALINE STEINER
(FRENCH, FRANÇAIS)

COPY EDITING
LECTORAT
SIMON COWPER
(ENGLISH, ANGLAIS)

IMAGE EDITING
TRAITEMENT NUMÉRIQUE
DES IMAGES
ANNE-LENA MICHEL

PRODUCTION
MANAGEMENT PRODUCTION
REBECCA WILTON,
CHARLOTTE RIGGERT
DISTANZ VERLAG GMBH

PRINTING AND BINDING
IMPRESSION ET RELIURE
OPTIMAL MEDIA GMBH
RÖBEL / MÜRITZ, GERMANY

DISTRIBUTION
EDEL GERMANY GMBH
DISTANZ@EDEL.COM
WWW.EDEL.COM

PUBLISHED BY
PUBLIÉ PAR
DISTANZ VERLAG
WWW.DISTANZ.DE

DISTANZ

ISBN 978-3-95476-247-7
PRINTED IN GERMANY